Pearl Jam
au pays du *Grunge*

Cyril Jégou

Pearl Jam
au pays du *Grunge*

Illustrations et dessins de Cyb
Conception graphique : the Candleman institute

*« there's nothing better than having an idea
for a song take over your life. »*
Kurt Bloch (the Fastbacks, Young Fresh Fellow)

*« All that sacred comes from youth.
Dedications, naive and true.
With no power, nothing to do.
I still remember. Why don't you… don't you.
This is not for you ! »*
Eddie Vedder (Pearl Jam)

© 2011/2021 Cyril Jégou – Kämbarka productions
Conception graphique : The Candleman Institute

Édition : BoD – Books on Demand,
12/14 rond-point des Champs-Élysées, 75008 Paris
Impression : BoD - Books on Demand,
Norderstedt, Allemagne

ISBN : 978-2-3223-9906-2
Dépôt légal : novembre 2021

Une intro

Au début des années 90, au XXe siècle de notre ère, la planète découvre un *mouvement* musical appelé *Grunge*, avec ses représentants jusqu'alors inconnus du grand punlic : Nirvana, Alice in Chains, Soundgarden, Mudhoney, les Screaming Trees, les Posies et... Pearl Jam. Chose incroyable : tous ces groupes viennent de la même région, l'état de Washington au nord-ouest des USA. Seattle, l'une des plus importantes villes de l'état, devient en un éclair la nouvelle Mecque du rock, remplaçant Liverpool, Manchester et Detroit.

Entre punk, nihilisme pop et métal plus ou moins respectable, le *Grunge* devient un phénomène mondial, impose ses codes esthétiques, son look. À l'instar du punk en son temps, lorsqu'il a émergé de l'underground pour être dévoré par le consumérisme populaire, le *Grunge* devient une manière d'être et de consommer. Bref, une philosophie de vie pour les teen-agers, et une arnaque pour les puristes amoureux du rock indé.

Pearl Jam, combo rock puissant aux influences seventies, est sorti de l'ombre à une vitesse suspecte. En un an, ces 5 musiciens de Seattle deviennent des stars planétaires, vendent des millions d'albums et déchainent les plumes des critiques rock. Le groupe devient le plus gros vendeur de disques des années 90, et son chanteur, Eddie Vedder, une icône aux USA pour une jeunesse désabusé qui cherche sa place dans ce vaste monde.

Plus que toute autre formation de Seattle, ce groupe a

généré les passions et les haines les plus ferventes, certains y décelant les nouveaux Led Zeppelin, Who et Rolling Stones, d'autres des rockeurs carriéristes profitant de la vague *Grunge* et du succès de l'album *Nevermind* de Nirvana, pour se faire un paquet de blé sur le dos de la jeunesse et refourguer ce vieux truc tout moisi qu'est le hard-rock.

Pompe à fric de l'industrie du disque, ou groupe intègre, malgré lui à l'origine du boum culturel rock des nineties ? Le présent ouvrage raconte l'origine de cette énorme farce qu'a été le *Grunge* ainsi que l'avènement du groupe de rock Pearl Jam.

Le *Grunge*

Qu'est-ce que le *Grunge* ?
Le terme signifie *crade*, ce qui pointe une filiation punk dans cette esthétique du négligé de soi. Mais après ? Ce qui est certain, c'est qu'il n'a jamais été question de crasse entre les doigts de pied (ça, ce serait une légende). le mot *Grunge*, selon Mark Arm (chanteur guitariste du groupe Mudhoney), désignait déjà des rockeurs australiens du début des années 80 tels que Beats Of Bourbon. Lester Bangs, critique rock iconoclaste aurait également utilisé ce terme des années plus tôt, dans les seventies pour décrire des formations rock inclassables.
Qu'est-ce donc que le *Grunge* ?
Une variation en deux mouvements.
Tout d'abord une blague de la *scène* locale lancée par le groupe Green River, reprise vers 1987 par Bruce Pavitt créateur du label indépendant Sub Pop pour parler de son écurie rock.
Ensuite, un rouleau compresseur des mass média et du business pour vendre tout et n'importe quoi estampillé *Grunge*, jusqu'aux fringues et aux chaussures, de Tokyo à Berlin, en toute impunité. Y a-t-il donc quelque chose à voir avec la musique ? Pas vraiment, en fait.
Avant squattées par la new wave, le hip-hop, le Heavy FM et la world music, à partir de l'hiver 91 les chaînes musicales diffusent en boucle des titres à guitares saturées, paroles sombres et rythme plombé ! Un trio inconnu fringué chez

Emmaüs passe devant Michael Jackson et son album *Dangerous* dans les charts américains : *Nevermind*, second album du groupe Nirvana, casse la baraque. Dans la foulée, suivent *Ten* de Pearl Jam, et *Dirt* d'Alice in Chains. Ce raz-de-marrée place le rock alternatif au premier plan, offrant le punk-rock au plus grand monde.

Adieu les Guns N' Roses, Dire Straits, U2, Michael Jackson, Mariah Carey, Metallica et autres New Kids On The Block. Les morceaux diffusés dorénavant s'intitulent *Smells Like Teen Spirit*, *Jeremy*, *Would ?*, *Rusty Cage* ou *Touch me I'm Sick*.

À défaut d'avoir pu être punk quinze ans plus tôt, la jeunesse devient *Grunge*, sans trop savoir de quoi on parle. Les pantalons déchirés sont remis au goût du jour, au grand désespoir des parents, tout comme les piercings et les tatouages. Les chemises de bûcherons canadiens deviennent à la mode. Étrange sensation que de voir cette jeunesse crever de chaud en été, portant ces chemises épaisses inadaptées à nos latitudes !

Rien de nouveau sous le soleil de l'histoire, mais l'aventure pré *Grunge* de Seattle reste quelque chose d'unique, avec la naissance d'un son qui n'existait pas avant, mixant le punk et le heavy metal, deux courants musicaux inconciliables à cette époque dans le reste du monde.

Ce qu'il faut savoir, c'est qu'avant que Vogue, MTV, Rolling stone magazine, le Time et toute la Wasp américaine désœuvrée se jettent sur ce rock alternatif enfin présentable, la *scène* de Seattle était ignorée du reste du monde.

Le Space Needle : construction emblématique de Seattle

Seattle

Fin 1991, le monde découvre cette ville excentrée du nord-ouest des USA, plus proche de l'Alaska que d'un bout de terre civilisée. Bien sûr, auparavant, il y avait eu la série *Twin Peaks* de David Lynch, qui se passait dans le coin, et encore avant, la chanson de Public Image Limited intitulé *Seattle*. Mais de là à trouver la ville sur une carte…

Seattle (entre 500 et 515 000 d'habitants dans les années 80, et presque 3 millions avec sa banlieue) est la plus grande ville de l'État de Washington, à 150 km au sud de la frontière canadienne. Son nom lui vient du chef indien Sealth. Question climat, il n'y fait jamais chaud (pas plus de 25 °C en été, sauf exception), plutôt froid, et toujours humide. En gros, le climat n'est pas tendre, il pleut tout le temps, et la jeunesse s'emmerde.

Les surnoms donnés à Seattle sont la *cité d'émeraude* (du fait des immenses forêts qui l'entourent et qui constituent le *pétrole* du coin) ou *Jet City* (à cause de Boeing). Les autres appellations sont *Rainy City*, ou la *porte de l'Alaska*. Rien que ça, ça donne envie. À part les bûcherons et Boeing, on y trouve des entreprises comme Starbuck et Microsoft.

Dans le même esprit, les autres villes de l'état se nomment Ellensburg, Bellingham, Bainbridge Island (en face de Seattle, de l'autre côté du Puget Sound), Aberdeen, mais surtout Olympia la ville étudiante, et Tacoma (plus grosse cité après Seattle).

Après la seconde guerre mondiale, la compagnie Boeing s'y

installe, profitant de l'essor de l'aviation commerciale, donnant du taff et un peu de *cachet libéral* à cette région isolée. L'économie se dégradant à la fin des années 1960, des milliers d'ouvriers quittent la ville pour chercher du travail. On raconte qu'à l'époque un panneau affichait : « *que le dernier habitant quittant la ville veuille bien éteindre la lumière* ». Le genre de truc démoralisant pour les adultes, et qu'ont dû lire certains musiciens dits *Grunges* quand ils étaient gamins.

La gloire locale, c'est Jimi Hendrix, le plus grand guitariste rock connu (ou presque), originaire de la ville. Fin 70, les trois quarts des gratteux de Seattle se doivent de bosser sur une reprise de Hendrix.

Comme partout ailleurs, il y a toujours eu des groupes de rock à Seattle. Après le *Northwest rock* des Sonics et des Wailers dans les années cinquante, la région a connu la période du *flower power* et ses festivals géants à la fin des années soixante, pour voir le déferlement du heavy metal et le retour du blues rock pour Blancs dans les années soixante-dix. Des noms comme the Telepaths, the Meyce, ou the Tupperwares témoignent de ces dizaines de formations qui habitaient le quotidien de la ville avant les années 80. Mis à part le groupe Heart des sœurs Wilson, fierté de Seattle, les autres n'ont pas fait de carrière internationale.

Quand il s'agit d'expliquer les raisons du boum culturel *Grunge*, ce que raconte la plupart des protagonistes de la *scène* musicale, c'est qu'à Seattle, il fait un temps de chiotte et qu'on s'emmerde. Alors les jeunes font de la musique dans leur garage, pour s'occuper. Mais d'autres villes, à commencer par Brest, Edimbourg ou Stockholm, ont droit à un quota pluviométrique annuel généreux, et même si ces villes témoignent d'une grande diversité musicale, elles n'ont pas chamboulé le monde à ce point. Voilà pour l'argument climatique.

La seconde chose dont parlent ces musiciens, c'est la disparition de Seattle des circuits rock internationaux au début des années 80. Pas rentable pour les tourneurs car trop excentrée, la ville est désertée par les grands artistes, dont les tournées s'arrêtent à San Francisco, voire Redding pour les plus chanceux.

Les formations qui se produisent dans le coin ont donc un profil différent des grosses machines frileuses de l'industrie musicale. Des états voisins, du Canada et de la côte est, déboulent des groupes punks, hardcore, ska ou expérimentaux, qui investissent les clubs et les caves. Leur nom : DOA, Black Flag, Meat puppets, Scratch Acid, Big Black, The Replacements, Tales of Terror, Fang...

Souvent les groupes sont invités par des fans ou des jeunes qui veulent que leur ville vive un peu. Parfois ils n'ont pas de quoi les payer, et souvent les groupes dorment chez les organisateurs ou chez des potes à eux.

Comme la jeunesse désœuvrée trouve un réconfort, un défouloir à assister à ces concerts, surfant sur la foule et picolant jusqu'à tomber par terre, les musiciens qui viennent jouer à Seattle, Tacoma ou Olympia sont surpris par cette furieuse énergie, désignant ce public comme le meilleur de l'époque.

Les premières formations locales officiant dans un registre post-garage rock digne de ce nom se nomment The Wipers, The Fastbacks, et The Blackouts.

Né en 1977, les Wipers de Greg Sage sont les premiers représentants officiels du punk-rock dans le nord-ouest des USA. Les générations qui suivront reprendront certains de leurs titres (*Return of the Rat* de leur premier album *Is this Real ?* datant de 80 repris par Nirvana notamment) comme des hymnes.

Formés en 1979, Les Fastbacks sont le prototype de ce que va être l'énergie punk locale : des gens comme tout le monde, à l'anti look absolu, qui vont écumer tous les rades de l'état de Washington pendant des années. Le groupe se compose de Kurt Bloch, Kim Warnick et Lulu Gargiulo. S'ajouteront à la bande différents batteurs, selon les époques, dont Duff McKagan, (ex-bassiste chez The Living) figure punk de la ville.

Aussi garage que punk, aussi pop que glauque, mais toujours sautillant, on les compare parfois aux Buzzcocks, même s'ils se réclament des Ramones.

Les Fastbacks sortent leur premier single (*It's Your Birthday*) en 1981 sur No Threes (label créé par Bloch lui-même). Quelques disques plus tard, les voilà sur le label Pop Llama pour leur premier album : *... And His Orchestra*, en 1987, avant d'atterrir sur la compilation mythique Sub Pop 200 l'année suivante avec une reprise de Green River : *Swallow My Pride*.

Leur plus gros concert est d'ouvrir pour Public Image Limited au Paramount Theater de Seattle en 83 (avant qu'un certain Eddie Vedder leur propose une tournée en 95/96). Bien entendu, les Fastbacks ne connaissent pas le mot *Grunge* et, quand ils l'entendent pour la première fois, ils sont en activité depuis 7 ans.

En parallèle, Kurt Bloch va rejoindre The Young Fresh Fellows en 1989, et plus tard, il participera au *super groupe* The Minus 5.

Greg Marcus, critique rock de son état, les élira *meilleur groupe punkrock des USA*.

Les Blackouts, quant à eux, se forment en 1979 grâce à d'anciens musiciens des Telepaths. S'ils sont cités en exemple par des musiciens tels que Kim Thayil (Soundgarden) ou des spécialistes du punk-garage, les Blackouts sont surtout connus pour avoir compté parmi leurs membres Paul et Roland Barker ainsi que William Rieflin qui migreront à San Francisco et intégreront le groupe Ministry en 1985.

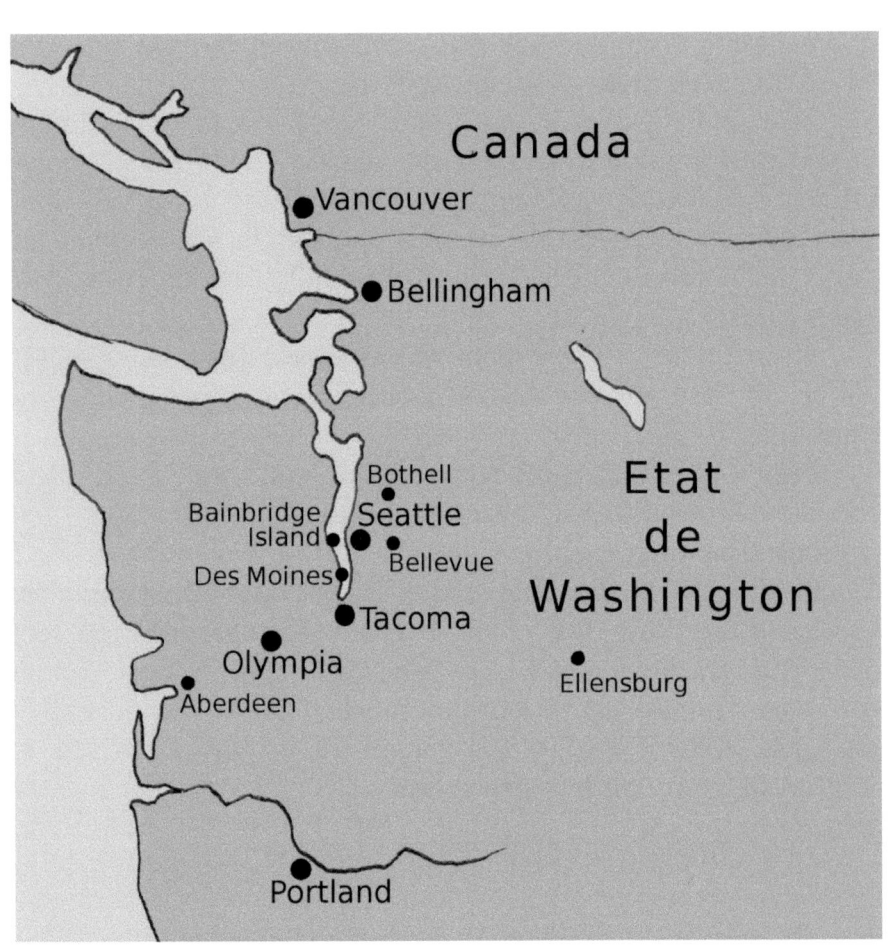

Malfunkshun et le malaise Punk des 80's

Leurs parents ont vécu la période hippie des années soixante, avant d'être broyés par la crise et de perdre le combat des idées face aux réalités du monde. Maintenant, ils bossent comme des brutes, plient sous les crédits, sous le chômage, entretenant une vision de la réussite sociale qui prime sur tout.

Sans possibilité de défendre un idéal face à ces parents résignés, la nouvelle génération subit les contre-coups économiques des chocs pétroliers, avec un conservateur néo libéral (Ronald Reagan) nouvellement élu comme président. Sacrifiée, elle se retrouve à devoir vivre quand même. En plus, à Seattle, comme on l'a déjà dit, il pleut tout le temps, et la moitié de l'année, il caille.

Voilà pour le tableau de la *génération X*.

L'un des visages que va prendre ce conflit générationnel, cette résistance à la résignation sourde, ce sera le punk, miroir déformant d'un idéal hippie mollasson écrasé par le pouvoir.

Mais il faut vouloir rester punk, car le quotidien d'un jeune *freak* de Seattle au tout début des 80's, c'est de se faire insulter, tabasser ou de se faire emmerder par les flics. Cette ambiance virile et méprisante de *Yuppies* et de joyeux bûcherons républicains donnent aux vidéo de TAD ce côté si hilarant (Wood Goblins), et tout son sens au titre Mr Moustache de Nirvana période Bleach.

Reste la musique...

Étonnamment, s'ils n'écoutent pas la même chose, le fan de Kiss et celui d'Henry Rollins traînent souvent dans les mêmes soirées, vont aux mêmes concerts. Comme il y a peu d'endroits pour que les groupes se produisent, chaque initiative est saluée, et la communauté punkoïde se déplace souvent là où résonnent des amplis à lampes. Aussi, quand arrive le groupe Malfunkshun, cette curieuse population s'extirpe en masse des ruelles sombres et sordides pour voir ce qui se passe.

C'est en 1980 à Bainbridge Island qu'apparait The Malfunkshun. Il est mené par Andrew Wood (chant, basse), son frère Kevin (guitare) et Regan Hagar (batterie). Wood chante à la Freddy Mercury sur des accords punks et des compos hard rock. Durant les concerts, chaque membre est maquillé, opérant une transformation *schizophrénique*. Andrew Wood le glam punk devient ainsi le *Love child*, nom qui le suivra toute sa vie. Les performances scéniques sont imprévisibles et énergiques, mais jamais agressives. Peu à peu, la notoriété grandit.

Tous ceux qui se rappellent d'Andrew parlent du *Love child* sur scène. Mais le problème de Wood, c'est déjà la drogue dure, et dès 85 il doit faire une cure de désintox. A son retour, Malfunkshun reprend la route des clubs et contribue au premier disque révélateur d'une scène musicale rock dans l'état de Washington : la compilation Deep Six, de C/Z Records. Deux titres sont enregistrés : *With Yo' Heart (Not Yo' Hands)* et *Stars-n-You*.

Malgré cette popularité grandissante, le groupe met un terme à sa courte carrière début 88, sans avoir jamais sorti un album.

Wood commence alors à jammer avec deux ex-Green River (Stone Gossard et Jeff Ament) et ils se donnent un nom de groupe : Lords Of The Wasteland, peut-être en rapport avec le Teenage Wasteland des Who. Peut-être pas...

Return to Olympus, seul album de The Malfunkshun, n'est sorti qu'en 1995 à titre posthume. Stone Gossard a réuni les enregistrements disponibles et, avec l'accord de Kevin, de la famille Wood et de Regan Hagar, les a sortis sur son label

Loosegroove. Un témoignage du premier groupe du coin jouant du glam rock avec dérision et *punkitude*, bien avant Alice in Chains.

The U-Men, The Fartz et The Melvins

Parmi les influences du *Grunge* on cite souvent, à raison, Neil Young, Sonic Youth, les Pixies ou REM.

Mais au tout début des années 80 à Seattle, on parle plutôt de Joy Division, Birthday Party, MC5, the Stooges, Aerosmith, The Dead Kennedys, Agent Orange, les Butthole Surfers, 999, The Remplacement, Groundhogs ou les Ramones. Ça, et la scène punk et cold wave anglaise.

En 1981 se forment les U-Men, groupe punk mythique du pré *Grunge* de Seattle, avec Tom Price (guitare) et John Bigley (chant). Se réclamant des Butthole Surfers, Les U-men ont un son distordu, avec un gros grain que certains qualifient de pourri. Bref : quelque chose de génial pour la scène punk-rock naissante.

Ils se réclament des gloires locales des années soixante telles que The Sonics, The Ventures et The Wailers. Tous issus de Tacoma, ville voisine de Seattle, ces groupes officiaient dans un registre rock/garage, parfois rockabilly, et sont considérés comme les pères du *North West Punk Rock*.

C'est d'ailleurs de Tacoma que sortira Girl Trouble (1983), autre précurseur punk rock, fan des Ramones et des Cramps, qui réhabilitera l'héritage garage rock de la région.

Bien plus que Malfunkshun, les U-Men sont considérés comme le premier groupe du nord-ouest à mélanger les gros sons heavy avec l'énergie garage rock héritée des années soixante.

Autre formation emblématique créée en 1981 : les Young Fresh Fellows, du rock alternatif qui va baliser la vie de Seattle pendant des années. Ils publient leur premier album en 1984 (The Fabulous Sounds of the Pacific Northwest). En 88, parallèlement à son activité au sein des Fastbacks, Kurt Bloch les rejoindra en tant que guitariste.

La composante hard rock/métal de Seattle n'est pas en reste puisque cette même année nait Queensrÿche, les pionniers du métal progressif dans cette partie du monde, ainsi que Metal Church qui deviendra une figure de proue du trash métal et signera quelques années plus tard chez Elektra, par l'entremise de James Hetfield et Lars Ulrich de Metallica.

The Accüsed (metal hardcore/trash formé en 1981) est également cité par les acteurs du *Grunge* comme une influence locale importante, tout comme The Fartz (hardcore) créé la même année. Ces derniers, militants punks provocateurs, jouent vite et fort, mais malgré leurs qualités scéniques, ils peinent à trouver des lieux dans lesquels produire leur musique engagée. Parmi ses membres on retrouve Duff Mc Kagan (ex-batteur chez les Fastbacks). Les Fartz signeront chez Alternative Tentacles Records de Jello Biaffra, avant de devenir, entre autre, 10 Minute Warning. Blaine Cook, le chanteur, atterrira dans The Accüsed en 1984.

En 1982, Buzz Osborne, joufflu punkoïde aux coiffures inimitables, forme un trio avec Matt Lukin à la basse, et Mike Dillard derrière les fûts. Originaires de Montesamo, après l'arrivée de Dave Crover en remplacement de Dillard ils atterrissent à Aberdeen, banlieue paumée à l'ouest de Seattle, pour répéter chez les parents de Crover. En 83, ils se trouvent un nom : The Melvins.

Après avoir joué un rock quelconque, puis des reprises de Jimi Hendrix (inévitable dans cette partie du monde), les Melvins s'orientent punk hardcore (à la Black Flag) et métal (à la Black Sabbath). Puis, sous l'influence de groupes rock comme Swans et Flipper, ils ralentissent le rythme de façon - disons-le tout de suite - complétement indécente ! Les riffs de grattes deviennent lourds et malsains, la batterie est plombée. La révolution Melvins est en marche.

Présents sur quelques compilations de K Records, un label d'Olympia, le groupe sort un premier six titres (intitulé *Six songs*, justement) sur le nouveau label de Seattle : C/Z Records. Pour le même label, le groupe enregistre quatre chansons qui figureront sur la compilation Deep Six.

Un pote de Crover traîne souvent dans le coin, lors des répétitions du groupe : Kurt Cobain, un jeune habitant d'Aberdeen. Le Cobain en question devient fan des Melvins et sert de roadie. King Buzzo (surnom officiel de Buzz) lui apprend à améliorer son jeu de gratte. Kurt finit même par passer une audition pour devenir bassiste, mais il sera recalé, car trop stressé pour pouvoir jouer.

En 1987, les Melvins publient leur premier album, *Gluey Porch Treatments*, sur un label de San Fransisco (Alchemy Records). L'un des titres de l'album, *Leeech*, est un morceau de Green River dont ces derniers ne veulent plus, alors qu'Osborne trouve le riff de gratte génial. En 1989, ils signent avec Boner Records, un label californien créé par un musicien du groupe Fang, formation qu'apprécient Osborne et Crover.

Précurseurs du *Grunge*, du *doom*, du *sludge metal*, et du n'importe quoi expérimental, les Melvins sont des anti héros du rock, ainsi que de sacrés rigolos. Leur nom vient de celui d'un chef de rayon de supermarché de Montesamo où a travaillé Buzz Osborne. Le genre de type méprisé, un peu risible, le petit chef frustré, sans espoir d'avoir une vie intéressante. *Idéal pour un groupe de losers punks !* a dû se dire Osborne.

The Melvins est le groupe le plus cité quand il s'agit d'expliquer les origines du *son* Sub Pop de la fin des années 80. Pourtant, jamais les Melvins ne feront de disque avec le label du *Grunge*, ni ne verront un de leurs titres figurer au Hot 100.

Fin 1982 nait également les 10 Minutes Warning, un mix punk trash psychédélique créé par deux membres des Fartz : Paul

Solger (guitare soliste) et Duff McKagan qui cette fois officie en tant que guitariste rythmique. On trouve à la batterie un certain Greg Gilmore. Groupe à fortes personnalités, il se séparera en 84 pour problèmes d'égos. Duff McKagan, LE punk-rocker pré *Grunge* va alors quitter Seattle pour Los Angeles. L'année suivante, il remplacera un bassiste dans un nouveau groupe inconnu d'Hollywood qui va devenir les Guns N' Roses.

The Melvins : Quand Buzz Osborne changera de coiffure, ce sera la mort du rock.

March of Crimes
et Jeff Ament

En ces temps d'austérité, un peu de satisfaction personnelle ne peut nuire au moral. Avec la déferlante punk, le nombre de guitares électriques au km^2 se multiplie de façon exponentielle. Des dizaines de nouveaux groupes apparaissent qui, même s'ils sortent peu de leur garage, animent les soirées bières des banlieues. Les plus hardis, suivant l'exemple des Fastbacks, des U-men, des Blackouts et autres Wipers, se lancent dans les concerts : Spluii Numa, The Limp Richerds, les Ducky boys et Mr Epp and the Calculations.

Si plus personne ne se souvient de ce dernier (dont même Mark Arm son fondateur avouera que ce n'était pas très sérieux), il reste quand même le premier groupe de la région à être associé au terme *Grunge*. Pour parler de Mr Epp, Arm écrira en 1981 au fanzine Desperate Times : « *Pure grunge ! Pure noise ! Pure shit !* »

Fondé par Jonathan Evison, March of Crimes est un double exemple de la scène naissante. Premièrement : du bruit, de l'expérimentation, un peu de dérision et aucune ambition. Deuxièmement : il est révélateur du côté *incestueux* que va revêtir cette communauté musicale : untel vient jouer, puis il est remplacé par untel qui a déjà deux groupes qui propose de ramener Pierre, Paul, Jacques à jouer avec eux parce que, vraiment, oui, vraiment, « *ils assurent !* »

On comptera dans les rangs de March of Crimes le bassiste

Ben Shepherd (futur Soundgarden) ou encore le jeune guitariste Stone Gossard qui y écrira sa première compo. Natif de Seattle et fils d'avocat, Gossard s'est lancé dans la six-cordes après avoir vu 10 minutes Warning en concert. Grâce à Jonathan Evison, il fera la connaissance d'Andrew Wood.

Fidèle à ces préceptes, March of Crimes n'aura aucun avenir, fera peu de concerts, et son heure de gloire sera d'avoir envoyé une démo à Jello Biaffra qui l'égarera, comme le déclarera Jonathan Evison dans le livre de Greg Prado (Grunge is Dead) : « *On était trop stupide pour en faire une copie* ».

En 1982, un peu plus loin à Portland dans l'Oregon (patrie des Wipers) apparaît Pell Mell formation produisant un rock instrumental à la The Ventures, mais en plus expérimental. L'un des artistes s'appelle Steve Fisk et va se lancer dans la production d'albums pour les groupes de la région.

Fin 1982, Jeff Ament, étudiant en arts graphiques issu d'un milieu pauvre et catholique, fan de skate et de punk rock, quitte son Montana natal pour débarquer à Seattle avec son groupe Deranged Diction, du punk hard-core inspiré de Black Flag, de 999, des Dead Kennedys et des Clash, dans le but de faire du bruit, des concerts, et conquérir le monde.

Le jeune Ament trouve un boulot comme serveur en banlieue et, militant hard-core, il s'arrange pour que son groupe se produise dans les bars comme le Metropolis (le coin où tous les punk hard-core jouent à cette époque), le Gorillas Garden ou le Crocodile café. La bande parvient à faire les premières parties des Butthole Surfers, de Hüsker Dü, Ill Repute ou Stalag 13, et joue également avec des stars locales comme The Accüsed et Malfunkshun. Pourtant, en 1984, Deranged Diction splitte sans avoir pu faire carrière, malgré son nom plutôt comique.

Quelques mois plus tard, Jeff Ament est abordé par Steve Turner qu'il connait un peu. Observant le bassiste du Montana sauter partout en concert et sachant qu'il est fan de SSD (hardcore straight edge de Boston), Mark Arm a pensé à lui pour rejoindre un nouveau projet qu'il veut monter avec Steve. Quand ce dernier lui demande s'il serait intéressé, Ament le regarde, étonné : « *Mais les gars, vous ne savez même pas jouer !* » ce qui est loin d'être faux fin 83.

Ament finit par accepter. Début 84, avec Steve Turner, Mark Arm et Alex Vincent il va fonder le *premier groupe grunge officiel*.

Green River

En 1984, année de création des Squirrels (punk garage), un groupe surgit des ténèbres de Seattle la morne : Green River, fondé par Mark Arm (chant, guitare, ex Mr Epp), Steve Turner (guitare, ex Ducky Boys), Alex Vincent (batterie, ex Spluii Numa) et Jeff Ament (basse, ex Deranged Diction). Leur nom trouve son origine dans un coin de l'état où sévit le serial killer de la Green River.

Green River est considéré comme le premier groupe *Grunge* pour des raisons diverses dont la première - et la plus importante - est que le terme grunge a été utilisé par Mark Arm dans un fanzine au début des années 80. Le genre de délire qui a dû bien faire marrer Bruce Pavitt et son Label Sub Pop. *Grungy*, en argot, ça veut dire *crado*. Pavitt jubilant à l'idée de créer des affiches avec *crado* marqué dessus en gros caractères, juste entre le nom du groupe et celui du label, voilà, après des années de réflexion, ma version la plus aboutie de la naissance du dernier grand mouvement rock de notre histoire.

Mais revenons à la rivière verte.

Green River est donc le groupe le plus emblématique de l'époque (séminal diraient les magazines branchés). Le mélange des influences et les genres qu'il brasse vont officialiser la tendance du moment : un mix de punk, de heavy metal, de garage, de glam et de n'importe quoi, joué avec du feedback, de la disto et beaucoup de gain ; une recette qui n'est pas sans rappeler 10 minutes Warning ou The Melvins.

Mark Arm, grand dadais maigrichon et surexcité, a l'habitude de plonger dans le public (et accessoirement de se faire taper dessus avant qu'Ament plonge à son tour pour l'aider) et de brailler plus qu'il ne chante. Jeff Ament, fan de Kiss (et peut-être pour imiter Andrew Wood), se maquille, porte des fringues délirants et surtout ses couvre-chefs extravagants. « *À l'époque, je sortais avec une fille qui fabriquait des chapeaux* » avouera-t-il des années après. Steve Turner, lui, reste sur scène et ne quitte pas ses lunettes.

Un cinquième membre les rejoint : Stone Gossard (ex Ducky Boys, ex March of Crimes) en seconde guitare. Cet ajout permet à Arm de se focaliser sur le chant. Steve Turner et Stone Gossard (qu'il surnomme *Stoney*) sont amis depuis le lycée. Stone a fait découvrir Motorhead, Alice Cooper et Van Halen à Steve qui en échange lui a ouvert les portes du punk de Social Distorsion, Devo et Agent orange. Toute l'histoire du *Grunge* dans cet échange, finalement...

Les gars de Green River jouent partout, dans toutes les conditions, et sont prêts à tout pour faire du bruit. Certains concerts finissent parfois par des bastons ou du matos cassé. Ament se fait traiter de *pédé*, ou alors c'est Arm qui se fait castagner parce qu'il balance ses cannettes dans la figure de *Headbangers*. Mais leur énergie ne laisse pas indifférent, et très vite, leur réputation grandit.

Jeff Ament, gros fan de punk hard core et du *Do it Yourself*, utilise ses talents de graphiste pour créer des visuels, participer à des fanzines, parler de sub-culture, de la scène punk-rock et de Green River.

En 1985, la bande enregistre un premier six titres par le biais du label new-yorkais Homestead Records (U-Men, Big Black, Dinosaur Jr, Sonic Youth...) intitulé *Come on down* sur lequel figure le titre *Swallow My Pride*, futur hymne de la scène indé de Seattle (avant que ne débarque *Touch Me I'm Sick*). Le tout est produit par Chris Hanzsek.

Si le disque ne se vend pas bien, il promet un avenir brillant à l'équipe. Le groupe tisse des liens avec des formations indés tel que Sonic Youth.

L'orientation musicale, sous l'influence de Stone et Jeff, prend une tournure plus heavy que garage, et Steve Turner, toujours convaincu que Kiss est le truc le plus crétin au monde, quitte le groupe après l'enregistrement du six titres. Il est remplacé par le guitariste de Deranged Diction : Bruce Fairweather.

Pas suffisamment punk pour les punks, pas assez heavy pour les fans d'Aerosmith, et imbuvables pour les autres, les Green River ont tout pour intéresser Bruce Pavitt et son label Sub Pop qui, milieu 86, propose de les signer après qu'ils aient participé à la compilation clé de l'histoire du *Grunge* : Deep Six, du label C/Z Records. Sur ce disque, témoignage de ce qu'est le rock du nord-ouest des USA début 86, Green River offre deux morceaux : *10,000 Things* et *Your Own Best Friend*.

Le cinq titres *Dry As A Bone*, est enregistré en juin 1986 mais ne sort pas avant l'été 87 chez Sub Pop. Co-produit par Jeff Ament (le seul à avoir un boulot dans le groupe à l'époque) et Jack Endino qui y appose la future empreinte Sub Pop, il est considéré comme le premier album *Grunge*. A fond dans son délire, Pavitt fait la pub de Green River avec ce genre de phrase : « *De l'ultra crade débridé qui détruit les bonnes mœurs d'une génération !* ».

En phase ascendante, la formation enchaine les concerts aux quatre coins du pays, jouant avec le gratin de la scène hardcore punk du moment, de Black Flag à PIL.

Bientôt du matériel est prêt pour un album.

Pourtant les dissensions musicales augmentent au sein du groupe. Ament et Gossard souhaitent une orientation plus heavy/rock alternatif alors que Arm veut poursuivre dans la lignée garage rock. L'une des raisons vient d'un concert de Green River au Scream de Los Angeles, en première partie de Jane's Addiction. Ce groupe californien possède les ingrédients rêvés par Stone et Jeff : des punks furieux qui peuvent aussi bien jouer des gros riffs heavy metal, des solos déjantés et des morceaux à la guitare acoustique, le tout ponctué de titres hard-core et un gros son assez éloigné de celui de Sub Pop.

A l'orée de cette époque où tout le monde va vouloir vivre à Seattle la cool, Stone Gossard et Jeff Ament se demandent s'ils ne devraient pas aller tenter leur chance à L-A ou Minneapolis. Les deux compères se tiennent régulièrement au fait des nouveautés en provenance de ces villes foisonnant de formations rock énormes telles que Hüsker Dü, Scratch Acid, Dinosaur Jr ou The Replacements.

Il est d'ailleurs amusant de noter que ces groupes (dont est fan une grande partie des futures stars de Seattle) possèdent déjà, avant l'heure, des caractéristiques de ce que l'on va appeler le mouvement *Grunge*. Gain élevé, distorsion, réverbe, joyeux bordel et batterie qui meule ! Par exemple Hüsker Dü, groupe du Minnesota formé par Bob Mould en 1979, écrabouille déjà la pop mélodique et le heavy avec la furie punk la plus alternative. Dinosaur Jr, de J Mascis (grand fan des Cure) et Lou Barlow, fait de même, à grands renforts de solos guitare. On pourrait citer Père Ubu, Killing Joke, Sonic Youth ou The Jesus And Mary Chains.

La fusion des genres est dans l'air du temps. Mais des labels comme SST n'ont jamais pensé à utiliser un point géographique ou un terme spécifique autre qu'*alternatif* pour se définir, contrairement à Sub Pop Records.

En juin 88 sort le premier album de Green River : *Rehab Doll*. *Swallow My Pride* de *Come on down*, est rajouté à la galette. La version cassette contient une reprise de David Bowie. Mais son enregistrement a renforcé les dissensions : une partie est enregistrée au Reciprocal Recording Studio de Jack Endino, mais la fin se fait au studio de Steve Lawson, pour s'écarter du son Sub Pop.

De plus, le clan Gossard souhaite chercher une maison de disques, pour obtenir plus de moyens et jouer sur les grandes scènes. Dans ce sens, pour le concert célébrant la sortie de *Rehab Doll* ils envoient des invitations aux responsables des majors US. Mark Arm n'apprécie pas du tout : sa musique et son groupe doivent rester indépendants, à l'image de son label. Il ne comprend pas qu'on puisse désirer « *vivre de sa musique* ». Vouloir vendre des dizaines de milliers de disques n'a aucun sens à ses yeux. Jeff et Stone ne veulent pas aligner les premières parties toute leur vie (comme le fait la plupart des groupes de Seattle) et bosser le reste du temps dans des boulots pourris et sous payés.

Fin 88, Stone, Jeff et Bruce quittent le groupe, mettant fin à la courte carrière du premier groupe *Grunge* de notre ère.

Cette séparation à l'amiable va laisser des traces dans la carrière de ses membres. Elle est révélatrice d'un rapport complexe que va entretenir la scène indépendante avec l'industrie musicale. Le radicalisme punk ne peut concevoir une musique qui lui correspond dans un environnement dit *commercial*. Il est vrai que les rock-stars produites par les grandes majors depuis les années soixante-dix ressemblent à des égos sur pattes, des symboles phallocrates vénaux, individualistes et sans âme. Ces prototypes de la réussite sont rejetés en bloc par l'underground, surtout ici à Seattle.

Mark Arm mettra quelques années avant de pardonner à Jeff Ament qu'il traitera de carriériste et de vendu à l'industrie du disque.

On est punk ou on ne l'est pas...

Soundgarden, Skin Yard et The Walkabouts

Un autre groupe officie dans la ville au début des années quatre-vingt : The Shemps, qui ne laissera pas de trace dans l'histoire. Deux de ses membres s'appellent Chris Cornell (pas encore vingt ans, batteur) et Hiro Yamamoto (basse). Rapidement ils quittent le groupe qui recrute comme bassiste Kim Thayil, sur les conseils de Yamamoto.

Les deux compères lancent un nouveau projet et entament des répétitions dans un garage. Chercher un guitariste s'impose. Comme la fin des Shemps est proche, Hiro Yamamoto va récupérer son pote Thayil qui, s'il joue correctement de la basse, est surtout un très bon guitariste.

Comme Kim Thayil se fait virer de son boulot parce qu'il passe ses nuits en répétition et qu'il fatigue en journée, les trois camarades peuvent se lancer à fond dans la compo. Cornell se met au chant. Non seulement les deux autres découvrent l'étendue de ses incroyables capacités vocales, mais ils apprennent qu'il écrit des chansons aux textes originaux.

En 1984, la nouvelle formation prend le nom d'une statue d'art moderne de Seattle qui émet des sons étranges quand le vent s'y engouffre : Soundgarden. Leur son est énorme et rapidement ils ouvrent pour les pointures qui passent dans le coin comme Hüsker Dü.

Les seuls témoignages de cette époque sont les trois titres

présents sur Deep Six, datant de 1986. Il s'agit de *Heretic*, *All your Lies* et *Tears to Forget*. Peu après, ils vont recruter un batteur, de façon à permettre à leur chanteur de s'exprimer sans contrainte. Ce sera Matt Cameron, batteur de Skin Yard.

Avec de nouvelles compositions caverneuses et hard core, concassant les Butthole Surfers, Bauhaus et Joy Division, ils se font peu à peu un nom dans l'état. Toujours en 86, un ami de Yamamoto et Thayil nommé Bruce Pavitt vient de créer un label et s'intéresse à leur projet. Mais il n'a pas les finances pour les produire. Arrive Jonathan Poneman, DJ à la grosse radio de Seattle KCMU, qui vient voir le groupe après un concert qu'il a trouvé époustouflant pour un groupe de Seattle. Comme il souhaite participer à la production d'un éventuel disque, Thayil le met en relation avec Pavitt et le label Sub Pop. Poneman apporte 20 000 dollars au label pour financer le premier single de Soundgarden.

Le maxi *Nothing To Say/Hunted Down* est enregistré au Reciprocal Recording de Jack Endino. Il sort en juin 87 (un mois avant *Dry As A Bone* de Green River) et devient le premier single officiel du catalogue vide du label. Endino n'en revient pas de ce *Nothing To Say*. Comment un petit groupe de Seattle peut produire un son aussi heavy, aussi puissant ? Du même avis, la scène rock de Seattle va vite populariser ces nouveaux messies, certains les désignant comme les Led Zeppelin du Northwest. Thayil avouera avoir piqué l'accordage guitare à King Buzzo et ses expérimentations chez les Melvins, pour composer *Nothing To Say*. Ce fameux *Dropped D* va d'ailleurs devenir monnaie courante chez les guitaristes dits *Grunges*.

Fin 87 sort leur premier six titres intitulé *Screaming Life*, puis en 1988, toujours chez Sub Pop est publié le quatre titres Fopp. Ce dernier contient une reprise de *Swallow My Pride* de Green River.

Soundgarden grandit et quitte Sub Pop pour signer chez SST Records le gros label indépendant du moment, qui abrite déjà les Screaming Trees. Ils sortent leur premier album fin 88 :

Ultramega OK, et vont jusqu'à tourner un clip (*Flower*). Lance Mercer remplace Peterson aux photos, et Susan Silver devient manager du groupe.

Ultramega OK sera nominé aux Grammy Award (dans la catégorie meilleure performance metal) en 1990, devançant de presque deux ans l'explosion *Grunge*.

Autre formation de la première vague période Deep Six : Skin Yard, formé par Jack Endino, Daniel House, Ben McMillan et Matt Cameron, début 85. Il est dit que leur premier concert était d'ouvrir pour les U-Men. Le groupe possède un son particulier, plus dur que le punk, et une grande énergie en live.

Après une apparition sur la compilation Deep Six de Hanzek, aux côtés des U-Men, Skin Yard sort son premier album éponyme en 1987 chez C/Z Records.

Matt Cameron va rejoindre Soundgarden, et sera remplacé par Greg Gilmore (ancien 10 Minute Warning et futur Mother Love Bone).

Malgré un style qui préfigure le son *Grunge* à la Sub Pop, et une intégrité musicale reconnue, le groupe ne va pas connaître le même succès que ses pairs, restant une formation underground.

Dans un registre différent apparaissent les Walkabouts en 1984. À la fois rock, folk et poétique, le groupe de Carla Torgerson et Chris Eckman est aux antipodes de ce qui sera défini sous l'étiquette *Grunge*. Comme quoi... Le groupe explore les racines de la musique US, du blues et country, et n'est pas avare d'orchestrations subtiles et élégantes.

Ils sortent leur premier album - *See Beautiful Rattlesnake Gardens* - en 88, via le label Pop Llama de Conrad Uno. Comme ils jouissent d'une bonne réputation locale, les Walkabouts vont signer leurs trois prochains albums chez Sub Pop qui cherche à développer son catalogue.

L'un des bassistes des Walkabouts se nommera John Baker Saunders. En cure de désintox il rencontrera Mike McCready avec qui il formera Gacy Bunch.

Les Screaming Trees

C'est une pédale d'effet pour guitare électrique - distorsion - qui va donner leur nom aux *arbres qui hurlent* en 1985. Les Screaming Trees viennent d'Ellensburg, au sud-est de Seattle. Il est formé par le bad boy Mark Lanegan, et les frères Conner (Van et Gary Lee) qui deviennent potes au lycée d'Ellensburg, peut-être parce qu'ils sont les seuls du bahut à écouter du punk. Avec Mark Pickerel à la batterie, ils se lancent dans les compositions rock, assez éloignées de l'esprit Black Flag du moment. La musique des Screaming Trees vient autant du rock psychédélique des années 70, du garage rock que du blues.

Ils enregistrent une démo, *Other Worlds*, dans un studio d'Ellensburg avec Steve Fisk (Pell Mell, Pigeonhed…) aux manettes, ce qui leur permet de signer leur premier album - *Clairvoyance* - chez Velvetone Records, le petit label local, en 86.

En 1987, les Trees vont signer un contrat loin de l'état de Washington, avec SST (le label californien de Greg Ginn de Black Flag) dont les stars indés se nomment Hüsker Dü, Dinosaur JR et Sonic Youth. Comme SST a déjà publié des travaux de Steve Fisk, l'affaire se négocie rapidement. *Even If and Especially When*, leur second album, sort cette même année.

L'année suivante, le groupe enregistre l'album Invisible Lantern, puis, toujours chez SST, Buzz Factory en 1989, qui marque la fin de leur contrat avec le label. Ils décident d'aller chez Sub Pop alors en plein boum, le temps du EP cinq titres intitulé *Change Has Come*, en 1990. Sur le titre éponyme, en seconde voix apparaît le nom d'un certain Kurt Cobain.

Mais bitures et bastons rendent l'évolution du groupe compliquée. Les Screaming Trees n'en font qu'à leur tête ; ce sont des sanguins, des anti-stars de Seattle, ce qui explique les multiples breaks et explosions qu'ils ont connus dans leur carrière.

C'est probablement pour cette raison que, toujours chez Sub Pop la même année, Mark Lanegan publie *The Winding Sheet*, son premier album solo, avec l'aide de Mike Johnson (qui produit l'album), de Jack Endino et de Steve Fisk. Kurt Cobain et Krist Novoselic l'accompagnent sur quelques titres dont une reprise du bluesman Leadbelly : *Where Did you Sleep Last Night*.

Quatre ans plus tard, ce titre fera le tour du monde quand Nirvana la jouera lors de son *Unplugged* sur MTV.

Le plan de domination mondiale
de la tentaculaire organisation
appelée Sub Pop

« *gritty vocals, roaring Marshall amps, ultra-loose GRUNGE that destroyed the morals of a generation* »
Slogan de Sub Pop pour promouvoir ses groupes.

En 1979, un fanzine en photocopies N&B circule sous le manteau dans la ville étudiante d'Olympia. Son nom : Subterranean Pop. On y cause musique d'indépendants obscurs. Son créateur s'appelle Bruce Pavitt. Rapidement le nom devint Sub Pop. Le numéro 4 est livré avec une nouveauté : une cassette compilation de groupes indés. Le numéro 5 de 1982 se vend à deux mille exemplaires.

Pavitt déménage pour Seattle en 1983 avec deux copains : Hiro Yamamoto et Kim Thayil. Son mag s'arrête à la neuvième édition, au profit d'une chronique dans le journal The Rocket qu'il intitule Sub Pop USA.

En 1986, il se jette à l'eau et crée le label Sub Pop. Green River, dans une phase ascendante, cherche à publier le successeur de *Come on Down* leur premier disque. Ils vont voir Pavitt qui, très intéressé mais sans argent, leur demande d'attendre. Le 5 titres *Dry As A Bone* est néanmoins enregistré par le groupe au Reciprocal Recording - le studio que vient de monter

Jack Endino des Skin Yard - mais il ne sera édité par Sub Pop qu'à l'été 87.

Pavitt s'intéresse également à Soundgarden, groupe dans lequel joue Hiro Yamamoto et Kim Thayil. Avec l'argent de Jonathan Poneman, qui devient l'associé de Pavitt, ils sortent *Nothing To Say/Hunted Down* de Soundgarden. Les affaires commencent.

Dry As A Bone des Green River (co-produit par Jeff Ament) débarque en juillet, premier album (six titres) du label, suivi par *Screaming Life* un 6 titres de Soundgarden, en octobre.

Mais le disque majeur de cette année 1987 est la mythique compilation Sub Pop 100, éditée uniquement à 5000 exemplaires, ce qui en fait aujourd'hui un objet très prisé par ces gens étranges que sont les collectionneurs du rock, seuls capables de faire abstraction de son horrible jaquette. Y figure une quinzaine de groupes dont des locaux (les Wipers, les U-Men et Steve Fisk), ainsi que des stars de l'underground américain telles que Sonic Youth, Steve Albini (Big Black) et Scratch Acid (futur Rapeman, et surtout Jesus Lizard). Ces groupes extérieurs font partie des rares qui viennent jouer à Seattle considéré comme le trou du cul du monde dans le début des années 80.

Avec Charles Peterson, photographe un peu *freak* de la scène locale (qui a déjà bossé avec Green River), l'équipe est au complet, prête à conquérir le monde : Peterson s'occupe des photos des groupes, Endino les enregistre, Pavitt gère l'image et la pub du label, et Poneman s'occupe de l'argent et des tourneurs.

Début 88, Pavitt et Poneman sont heureux de quitter leur job respectif pour se lancer à 200 % dans Sub Pop en y injectant plus de 40 000 dollars. « *Bien entendu, on a tout dépensé*, se rappelle Pavitt, *et on a été à la dèche au bout d'un mois* ».

Les deux cerveaux de Sub Pop décident de créer l'envie par le bouche à oreille et par une image élaborée du label, un style, véhiculé par les pubs et les flyers. Exemple : ils ne pressent que 800 exemplaires de *Touch Me I'm Sick* de Mudhoney (formation tout juste créée par Mark Arm et Steve Turner après la dissolution de Green River) mais font savoir à tous les états du nord-ouest qu'il est sorti. Peu à peu monte l'intérêt de ceux qui n'ont pas pu l'acheter et désirent vivement le commander, histoire d'être un minimum branchés.

La stratégie est payante, mais ne suffit pas à dégager assez d'argent pour que l'affaire soit sûre. Ils inventent alors les *singles du club Sub Pop*. Vous adhérez et vous avez droit à un disque super cool, avec son packaging Sub Pop encore plus cool. Le premier Sub Pop single club sera *Love Buzz*, (une reprise de Shocking blue) du groupe Nirvana, ami des Melvins et groupe obscur d'Aberdeen. Bruce et Steve sentent que ce Nirvana a un gros potentiel.

Entre temps, la compilation Sub Pop 200, ultime témoignage du foisonnement du rock alternatif d'avant l'avènement du *Grunge* mondial, est publiée par l'équipe. Y figurent The Walkabouts, Mudhoney, Beat Happening, Blood Circus, Soundgarden (avec le titre Sub Pop Rock City), Terry Lee Hale, Jesse Bernstein, Green River (à titre posthume)… etc.

On parle du label hors de l'état, en partie grâce au single de Mudhoney diffusé en radio. Le quatuor sort un EP six titres en fin d'année. Il a pour titre *Superfuzz Bigmuff*, et va connaître un grand succès dans le petit monde du rock alternatif.

La communication du label commence à se servir du terme *Grunge*, utilisé par Mark Arm et Green River. A coup de slogans et d'autocollants, le terme circule, insidieusement, dans le petit milieu punk de Seattle. « *Comme ils s'habillaient comme des clodos et que leur son de guitare était dégueu, j'ai trouvé que ce mot résumait bien cette scène musicale* » déclarera plus tard Bruce Pavitt, avec un petit côté Mac Laren parlant des Sex Pistols.

Début 89, Poneman et Pavitt ont alors l'idée géniale de contacter un journaliste de l'autre côté de l'atlantique, l'anglais Everett True du Melody Maker, pour l'inviter à Seattle. Le but est de lui sortir le grand jeu : concert de Mudhoney, visite des clubs du coin, présentation de l'équipe du label, bonne bouffe et bière… Tout pour faire croire à une scène foisonnante uniquement représentée par Sub Pop.

True comprend vite qu'il se passe quelque chose dans cette ville à mille lieues de tout circuit rock. Il pond son article de la façon dont Pavitt et Poneman l'espéraient : en créant l'envie de découvrir une Amérique underground que personne ne connaissait. Le titre de l'article : *Seattle, Rock City* !

À ce niveau-là de l'histoire, tout est en place pour la déferlante Sub Pop, et son intention manifeste de conquérir le monde. Après *God's Balls*, premier album de Tad (en mars) et le *Bleach* de Nirvana en juin, le label de Seattle se prépare à enregistrer le premier grand album de son groupe phare Mudhoney. Sortie en fin 89, l'album aura pour titre le nom du groupe, histoire que personne ne s'y trompe.

Les *matières fécales* de Kurt Cobain

Retour en 1985.

Quand les Melvins concassent les Beattles, quand Sonic Youth rencontre REM, quand les Pixies se mangent Black Flag, ça donne Nirvana.

Le trio le plus célèbre de l'histoire du rock s'attendait à pas mal de choses dans la vie, mais certainement pas à devenir le canalisateur de l'esprit punk-rock alternatif, ni le porte-parole de la fameuse *génération X* de Douglas Coupland.

Après avoir raté les auditions pour devenir bassiste des Melvins, Kurt Cobain décide de fonder un groupe. Fecal matter est sa première formation officielle, formée en 85. Il y joue de la guitare et du chant, Dave Crover de la basse et de la batterie. Les deux membres enregistrent une démo chez la tante de Cobain, paraît-il. Si les titres resteront obscurs, cette première démo contient la chanson *Spank Thru*, qui sera réenregistrée pour la compilation Sub Pop 200.

Satisfait de sa production, Kurt Cobain distribue la cassette à ses potes et aux potes de ses potes, à la recherche de musiciens. Buzz Osborne (basse) et Mike Dillard (ex-batteur des Melvins) font un essai. Vrai ou faux, Buzz ne trouve pas le groupe suffisamment sérieux pour s'acheter un ampli basse. Entre temps, Crover devient batteur à plein temps chez les Melvins et quitte pour toujours l'aventure Fecal Matter.

Rencontré aux concerts des Melvins, le jeune Krist

Novoselic apprécie la démo et accepte de tenir la basse. Les deux associés dénichent un batteur régulier du nom de Chad Channing, ainsi que le nom définitif de leur groupe en 1987 : Nirvana.

Le groupe enregistre au Reciprocal Recording Studio de Jack Endino, sur les conseils de Buzz Osborne, et également parce que Kurt Cobain a énormément apprécié le *Screaming Life* de Soundgarden enregistré au même studio. Impressionné par le résultat (10 titres bouclés en une journée), Endino insiste pour garder des copies qu'il va faire écouter à ses associés de chez Sub Pop.

Ces derniers contactent Nirvana en 1988 pour une signature. Kurt Cobain et Krist Novoselic en sont tout fous : ils ont signé chez un label ! Leur premier single sera une reprise des Shocking blue's intitulé *Love Buzz*.

Sub Pop désire créer le buzz, justement, en lançant le Club Sub Pop. Au programme : des disques cools, en tirage limité et visuels *Grunge*, que l'on peut commander en adhérant au club. Le premier titre proposé sous cette formule sera *Love Buzz* qui aura droit à un très bon accueil des radios locales.

En fin d'année, Nirvana a l'honneur d'apparaître sur la compilation Sub Pop 200 avec *Span Thru*.

Bleach, leur premier album (qui aura couté moins de 700 dollars), est publié en juin 89. Inspiré par les Melvins et Buzz Osborne (qui a fait découvrir Black Flag, The Bad Brains et Flipper au jeune Cobain), les Stooges, Led Zepppelin, Kiss et Celtic Frost, Kurt Cobain avouera que Sub Pop leur a mis la pression pour qu'ils sonnent dans l'esprit du label (qui a également donné des conseils dans ce sens à Mudhoney).

La plupart des paroles ont été écrites la veille de l'enregistrement et ne veulent pas dire grand chose, selon Kurt lui-même. On n'est pas obligé de le croire à 100 %.

Bleach a son petit succès sur les radios étudiantes et va vendre jusqu'à 35 000 exemplaires. Nirvana tourne alors dans tous les USA avec Tad et Mudhoney, mais également en Europe avec Sonic Youth et Dinosaur JR alors au sommet de leur gloire, ce qui va attirer sur eux les grosses majors du pays.

Il faut dire que l'énergie du groupe, et surtout la voix incroyable de Kurt Cobain ont de quoi séduire le *music business* qui, en 1990, commence à se dire que le rock alternatif peut être *bankable* : Sonic Youth est maintenant incontournable, et les Pixies sont les rois des *college radios*. Concernant Seattle, les Screaming Trees, Soundgarden, Mother Love Bone et Alice in Chains ont le vent en poupe. Tous ces groupes ont déjà signé sur des majors, excepté Nirvana, le petit dernier.

Début 1990, toujours chez Sub Pop, le groupe sort un deux titres : *Sliver/Dive*. Durant cette période, Chad Channing quitte l'affaire (Cobain appréciant de moins en moins son jeu de batterie). S'il joue sur *Dive*, c'est son remplaçant temporaire Dan Peters (Mudhoney) qui officie sur *Sliver*. Le titre est bouclé en une heure, sur le matos de Tad alors en cession d'enregistrement avec Endino. Sliver, plus mélodique dans l'approche, contient les germes du changement d'orientation musicale de Kurt qui va laisser de côté ce *Grunge* tant chéri par son label.

Ce sera le dernier titre chez Sub Pop.

Bad Radio

En 1986 (année de création des Gits de la chanteuse Mia Zappata), à San Diego en Californie se forme le groupe Bad Radio. Branché Duran Duran, David Bowie et les Who, entre rock dit *romantique*, pop rock et new wave, le groupe commence à tourner sur San Diego, sans plus.

En 1988, Eddie Vedder, pompiste, agent de sécurité, manutentionnaire et surfeur, fait une audition pour devenir leur nouveau chanteur. Malgré une voix puissante, le groupe hésite. « *Il ne faisait pas trop frontman de groupe rock* » racontera Dave George (guitare) plus tard. Vedder est un gars un peu coincé. Pourtant, avec un micro, le type se transforme, lâche ses tripes et sa voix résonne.

Son premier concert avec Bad Radio, il le débute avec un masque de plongée , plus par trouille du public que par blague. Pour assurer le leadership d'une formation rock, c'est pas gagné. Mais Vedder apprend vite.

En plus de ses capacités de baryton, les membres découvrent qu'il a écrit des chansons, dont certaines avec arrangements, sur des cassettes faites maison. Influencé par les Ramones, Springsteen période *Nebraska*, et (à l'époque) les Red Hot Chili Peppers (il est ami avec Jack Irons, ancien batteur des RHCP), Vedder fait évoluer Bad Radio vers un funk rock énergique salvateur.

Début 89, Bad Radio enregistre la démo *Tower Records* qui

leur permet de démarcher les clubs pour jouer. La radio 91X leur permet d'enregistrer une démo de meilleure qualité : *What the Funk*. La Californie du sud commence à s'intéresser à ce petit groupe qui fait parfois des reprises des Red Hot.

Peu à peu, Eddie Vedder se meut en manager dynamique qui se bouge pour qu'on parle de son groupe, mais également en activiste énervé. Par son intermédiaire, Bad Radio va jouer pour des œuvres caritatives locales (pour les sans abris notamment) et figurer dans les fanzines underground du coin. Un an après son arrivée dans la bande, on parle du groupe comme de celui de Vedder.

Issue des cassettes du jeune chanteur, *Better Man* est une composition mélancolique, dans l'esprit Springsteen. Séduit par la chanson, le groupe l'incorpore à son répertoire. Eddie Vedder déclare à l'époque que cette chanson date « *d'avant qu'il sache picoler* » sans se douter qu'elle aura une seconde vie cinq ans plus tard, avec un autre groupe.

Pourtant, Bad Radio n'enregistrera jamais aucun album, et ne dépassera pas les frontières de la Californie.

Si San Diego voit la naissance des Stone Temple Pilots et de Rocket From The Crypt, elle voit également Vedder quitter la formation, pas assez ambitieuse à son goût. Les autres membres rappellent Keith Wood, leur premier chanteur, et quittent San Diego misant sur Hollywood pour un nouveau départ du rock. Eddie Vedder choisira Seattle quelques mois plus tard.

Nous sommes en 1990. Bad Radio prend définitivement fin un an plus tard.

Alice in Chains, The Posies, et
la lune morte de Fred Cole

« *We die young. Faster we run...* »
We Die Young de Alice In Chains

Retour en 87 avec une nouvelle moisson de groupes pour l'état de Washington. On commence avec le croisement improbable de Black Sabbath et Joy Division : Alice in Chains.

La première mouture, Alice N' Chainz (pastiche de Guns N' Roses) joue du speed metal et des reprises de Slayer, déguisée en drag queens ; une sorte de version bruyante des New York Dolls. Dans ce groupe officie Layne Staley, à l'origine du projet. Il croise Jerry Cantrell, un guitariste qui bosse au studio de répétition Music Bank, deviennent colocataires, puis Staley rejoint Diamond Lie, le groupe qu'a formé Cantrell avec deux potes à lui : Sean Kinney (batterie) et Mike Star (basse). Quelques mois plus tard, ils se rebaptisent Alice in Chains.

Les quatre gars aménagent ensemble dans un petit appart pas cher et quasi insalubre à Des Moines (vingt bornes de Seattle), boivent souvent, fument beaucoup d'herbe et essaient des drogues diverses. Le reste du temps, ils composent, jouent leur musique, se font entretenir par les filles du coin, et vont aux concerts de Soundgarden qui les inspirent, ainsi que ceux d'un nouveau groupe en ville : Mother Love Bone. Les Queensrÿche, dont le succès grandit dans le circuit metal, ont également une grande influence sur les quatre AIC.

Une première démo, intitulée *The Treehouse Tapes*, est enregistrée par le quatuor en 88. La cassette, qu'ils vendent à leurs concerts, finit dans les mains de Kelly Curtis et Susan Silver, manageurs chez Soundgarden. En 89, Alice in Chains signe chez Columbia.

Si le son développé par le groupe est résolument metal (avec des incartades punk par moments), Staley et Cantrell y ajoutent très vite un chant à deux voix assez inhabituel pour le style. Ces étranges harmonies, ainsi que les solos ultra-mélodiques presque bluesy de Cantrell, deviennent leur marque de fabrique. A tel point que rapidement Alice in Chains devient une priorité pour la major.

Alice fait les premières parties du plus gros groupe de la ville à cette période : les Mother Love Bone avec lesquels ils sympathisent très vite. Le bouillonnement culturel et musical qui habite la ville en fin 89 permet au groupe de se faire connaître rapidement grâce aux fanzines US et à leurs pages *spécial Seattle*. Très loin du son Sub Pop, le groupe se voit parfois coller l'étiquette Grunge sur le dos.

Après un premier succès underground - la chanson *We Die Young* - ils sortent *Facelift* leur premier album, en août 1990. Il est dédié à Andrew Wood, ainsi qu'à la mère de Cantrell, tous deux décédés au début de l'année. Le guitariste mettra un moment à s'en remettre.

Commence alors leur première grosse tournée en compagnie de Slayer et Megadeth, des pointures du genre. Le public metal le plus radical a du mal avec le style AIC, tout comme les radicaux heavy ou punk identifiaient mal Green River. Après tout, Alice aussi vient de ce grand mixeur rock qu'est Seattle. Lors de cette tournée, les quatre musiciens se reçoivent des cannettes et autres bombes sur le coin de la gueule par des metalleux hurlant « *Slayer !* »

Grâce au second single *Man in the Box*, *Facelift* devient malgré tout disque d'or à la fin de l'année 1990 et va se vendre à plus de 350 000 exemplaires ! Seattle n'avait pas vu cela depuis longtemps.

Dans un style différent, les Posies viennent de Bellingham, près de la frontière canadienne. Ils se forment en 1986, sous l'impulsion de deux copains de lycée, Ken Stringfellow et Jon Auer. Dans le studio qu'a aménagé chez lui ce dernier, les deux gars enregistrent quelques titres sur cassettes qu'ils refilent aux radios locales, sans trop y croire. Et sans comprendre le pourquoi du comment, l'une de ces radios, KJET, accroche et passe leurs titres en boucle.

Comme dans l'état de Washington la mode est au punk-rock, au crado façon Sub Pop, et aux paroles absurdes, les Posies apparaissent comme des ovnis, produisant une musique pop-rock exigeante aux harmonies imparables et aux paroles subtiles. En un sens, ils sont plus proches de Terry Lee Hale, de Big star ou des Walkabouts que de Tad ou Soundgarden. D'ailleurs ils se réclament de XTC et d'Elvis Costello.

Pour pouvoir faire des concerts, les deux compères sont rejoints par Mike Musberger (batterie) et Rick Roberts (basse). Le label Pop Llama les signe en 1988. Dans la foulée est publié leur premier album, *Failure*, en vinyle. Le disque reprend des titres de leur cassette faite maison.

Leur notoriété grandissant, les Posies entrent dans l'écurie David Geffen Compagny (Sonic Youth...) en 1990 et sortent leur second album, *Dear 23*, le même mois que le *Facelift* d'Alice in Chains.

Aux antipodes de Nirvana ou de Mudhoney, quand arrivera la folie *Grunge*, les Posies seront assimilés au pseudo mouvement, même s'ils répèteront ne rien avoir en commun avec le *Grunge*.

Autre figure de Seattle, Dead Moon naît en 1987 formé par Fred et Toody Cole. Officiant dans un garage rock musclé, le groupe devient vite un exemple d'intégrité punk. Fred Cole va jusqu'à presser lui-même les albums de son groupe, avec une machine à disque vinyle dans son salon. Visuels, packaging, affiches, rien n'échappe à Dead Moon qui garde le contrôle absolu sur sa musique, servant d'exemple aux jeunes post-punk qui veulent poursuivre la vieille tradition *Do it yourself* de la ville.

Alice in chains : Sean Kinney (gauche), Layne Staley (haut), Mike Star (droite) et Jerry Cantrell (bas). Les Joy Division des années 90

Mudhoney et Tad
la dream team

Arrive l'année 1988 qu'il est impossible d'aborder sans mentionner la naissance des deux stars de Sub Pop : Mudhoney et Tad.

Après avoir quitté Green River, Steve Turner atterrit dans un groupe nommé Thrown Ups, formé en 84. Le principe de la formation de John Leighton Beezer (basse) est de monter sur scène sans avoir écrit quoi que ce soit. Après le split définitif de Green River, c'est au tour de Mark Arm de rejoindre ce groupe, en tant que batteur. Un enregistrement de cette période figure sur Sub Pop 200.

Désireux de replonger dans le rock, Mark Arm et Steve Turner, avec Matt Lukin (ex Melvins) et Dan Peters, vont former un groupe appelé Mudhoney, d'après un film de Russ Meyer (que personne n'a vu à l'époque). Arm en parle déjà comme le plus gros groupe garage punk de la ville.

En août 88, ils sortent leur premier single chez Sub Pop : *Touch me I'm Sick*, dont la pochette est une photo de WC à la lunette relevée. Si des titres comme *Return of the Rat*, *Swallow My Pride* ou *Nothing to Say* ont secoué le Northwest et ont connu un succès d'estime dans la région, *Touch me I'm Sick* va filer une sacrée claque à l'underground des USA. Une rythmique nerveuse, des paroles débiles, et un son encore plus tordu et saturé que celui de Green River, avec un refrain au chant limite juste soutenu par des chœurs, et l'affaire est faite. Mark Arm aura donc raison : voici qu'arrive le plus gros truc de la ville.

En fin d'année, après une apparition sur Sub Pop 200, sort dans les bacs le six titres *Superfuzz Bigmuff*, du nom d'une pédale de disto, façon Screaming Trees.

Superfuzz Bigmuff, s'il se vend peu, obtient une solide réputation dans le milieu indépendant et permet à Mudhoney, devenu le fer de lance du label *Grunge*, de partir en tournée hors USA en première partie de Sonic Youth. Ces derniers ayant gardé le contact du temps de Green River, ils les prennent donc avec eux pour une série de concerts au Royaume-Uni qui tarde d'entendre ce mystérieux porte parole du *Grunge* décrit par Everett True.

Au terme de cette tournée, *Superfuzz Bigmuff* fait son entrée dans les charts indés anglais, ouvrant les portes de l'Europe au plan de domination mondial de Pavitt et Poneman.

Mudhoney sympathise avec Kurt Cobain et Krist Novoselic de Nirvana, autre formation Sub Pop. Mark Arm fera part aux deux musiciens de sa rancœur envers Jeff Ament, responsable de la mort de Green River. Ament sera rapidement catalogué par Cobain de vendu carriériste, même si les deux hommes ne se connaissent pas. Stone Gossard, l'autre vendu à l'industrie, sera plus épargné, car il garde l'estime de Steve Turner.

À la fin de l'année 89, le groupe sort son premier vrai album intitulé sobrement Mudhoney.

L'autre groupe espoir du label, c'est Tad, futur poids lourd (au sens propre comme au figuré) du son Sub Pop. Tad Doyle, monsieur petit boulot, boucher à l'occasion et masse imposante sur scène, en avait marre d'être batteur. Du jour au lendemain il décide de jouer de la gratte et de chanter (chanter n'est peut-être pas toujours le terme le plus approprié). Il va donner naissance, avec Steve Wied (Skin Yard, batterie), Kurt Danielson (ex Bundle Of Hiss, basse) et Gary Thorstensen (guitare) à un rouleau compresseur sonique nommé Tad. Persuadés du potentiel *Grunge* de l'affaire, Pavitt et Poneman travaillent la réputation du groupe. Le label s'amuse à accoler à Tad Doyle une image de grosse brute un peu comique. Le chanteur laisse couler.

Au même titre que les Melvins, Deep Six, Mudhoney et Endino, Tad et ses riffs lourds seront une source d'inspiration pour Nirvana et le son Sub Pop avant 91.

En 89, à Bellingham se forment les Mono Men, fans des Sonics, qui officient dans le garage punk. *Do it yourself* oblige, Dave Criver (guitariste des Mono Men) va fonder son propre label : Estrus Records. 89, c'est aussi la naissance de Gas Huffer, nouveau groupe de Tom Price (U-Men), ainsi que de Love Battery avec Ron Nine (ex Room Nine) et Jason Finn (Skin Yard) dont le nom vient d'un titre des Buzzcocks.

Côté métal naissent Gruntruck (de deux ex-Skin Yard) et My Sister's Machine dont fait partie Nick Pollock (membre du premier Alice N' Chainz)...

La liste de groupes est longue et la période créative. Seattle devient le centre du petit monde alternatif.

Touch Me I'm Sick : le premier tube grunge, par Mark Arm et Mudhoney !

Mother Love Bone

> « *Muddy Waters a rencontré Jane's Addiction.* »
> Chris Friel (The Rockfords) à propos
> d'Andrew Wood.

Avec une régularité effrayante, le rock entretient son lot de cadavres, de victimes sacrifiées sur l'autel sacré de l'idolâtrie et du rock'n roll. Seattle n'échappe pas à cette fatalité et va payer pour sa scène musicale décomplexée.

Lords of the Wasteland change de nom en début d'année 1988. Jeff Ament, Stone Gossard et Andrew Wood auxquels viennent s'ajouter Bruce Fairweather (seconde guitare), et Greg Gilmore (ex-Ten Minute Warning et ex-Skin Yard) donnent ainsi vie à Mother Love Bone.

MLB commence à tourner dans la région. Connaissant Malfunkshun et Green River, le public local, curieux, et les fanzines s'intéressent vite au projet. Fidèles aux prestations énergiques de leurs anciens groupes, les musiciens se taillent rapidement une solide réputation scénique, en partie grâce à Andrew Wood le *Love child*, exubérant et généreux, dont la voix grandit et mûrit à chaque concert.

Début 1989, Mother Love Bone signe avec le label Mercury Records, une filiale de PolyGram. Stone Gossard et Jeff Ament ont enfin ce dont ils rêvaient : l'appui d'une maison de disques. En mars, le groupe sort son premier EP, *Shine*, avec une photo de Peterson, et un design de jaquette que ne renierait pas Sub Pop. Le cinq titres a été enregistré au London Bridge Studios de Seattle. Wood signe tous les textes et participe à l'écriture des morceaux. Il joue même du piano sur l'ouverture de *Crown of Thorns*, intitulée *Chloe dancer*. Pas très *Grunge*, tout ça...

L'accueil de la presse rock spécialisée est bon, le public du coin répond massivement, et le disque se vend bien. On peut lire de *Shine* qu'il « *contribue à l'effervescence de la scène musicale de Seattle.* » Le buzz se fait dans la scène hard rock, punk, et peu à peu, l'intérêt pour le groupe monte en puissance, en témoignent les graffitis *Mother Love Bone*, ou *The Love Bone earth affair*, de plus en plus nombreux, bombés aux quatre coins de la ville, dans les squats, les murs d'usine ou les immeubles...

Selon Ben Shepherd, en 1989 les Mother Love Bone sont parmi les rares musiciens de Seattle à savoir jouer de leur instrument. Comparant MLB à Malfunkshun, Matt Cameron pense que ça sonne trop propre, trop standard. Chacun a un truc à dire sur MLB car les gamins punks du début des 80's ont grandi, et MLB est leur propriété.

Parce qu'issu de la scène punk de Seattle, en réaction à la rigueur des années Reagan, Mother Love Bone est plus drôle et plus engagé qu'Aerosmith, plus poétique que Kiss. MLB parle d'amour avec simplicité et dérision, très loin de la mentalité du *rock star system*. Pas grand chose à voir avec le hard FM des Guns N'Roses, le groupe hard FM de l'enfant du pays Duff McKagan, qui domine les charts à cette époque. La seule chose que ces deux groupes ont en commun, c'est la drogue.

En première partie se produisent des groupes locaux dont les Alice in Chains. Wood et Cantrell (guitariste chanteur d'AIC) deviennent amis.

Fin 1989, l'équipe part pour San Francisco enregistrer son premier album avec le producteur Terry Date. L'homme a déjà travaillé avec Soundgarden sur *Louder Than Love* cette même année, et est grand amateur de metal. Le résultat s'intitulera *Apple*. Treize titres sont gardés des sessions d'enregistrement, dont *Stardog Champion*, *Holly roller*, *Capricorn Sister* et *Crown of Thorns* (sans la partie *Chloe dancer*). *Stardog Champion* sera le single.

Il ne fait pas beaucoup de doute pour Polygram/Mercury, et même pour le groupe, que ce disque va marcher. Sa sortie est prévue pour mars. La tournée américaine est prête, et le manager du groupe Kelly Curtis est confiant. Direction la gloire et la reconnaissance pour Seattle et le gamin de Bainbridge Island…

Mais Mother Love Bone ne connaitra jamais la gloire promise. La veille de la sortie de l'album, Andrew Wood succombe à une overdose d'héroïne et tombe dans le coma. Il est amené aux urgences. Les avis des médecins sont très pessimistes, pour ne pas dire désespérés. Le lendemain, ils en viennent à parler de le débrancher.

Le surlendemain. La famille, les amis (dont Chris Cornell), Mother Love Bone au complet… Il y a du monde dans cette chambre, quand les appareils sont débranchés. Sur une table de chevet a été posée une photo de Freddie Mercury, idole de Wood. Personne n'a vraiment eu le temps de réaliser, mais Andrew Wood est mort ce 19 mars 1990.

Des funérailles ont lieu quelques jours plus tard. « *C'était pire que tout…* » se souvient Mark Arm scandalisé par cet attroupement de personnes qui ne connaissaient pas Wood et qui venaient vénérer la rock star avec des bougies, comme une macabre répétition de ce qui se passera en avril 94.

Le père de Wood, très affecté, fait un discours et s'adresse à Stone, Jeff, Bruce et Greg : « *Continuez, allez chercher la gloire et trouvez un nouveau chanteur. Mais assurez-vous que ce ne soit pas un junkie !* »

La sortie de l'album est différée au mois de juillet. Les membres du groupe n'ont pas besoin de débattre pendant des lustres pour savoir que, sans Wood, il n'y a plus de MLB.

Quelque temps plus tard, Bruce et Greg formeront Blind Horse. Stone et Jeff se quittent, musicalement parlant, sans projet commun.

À titre posthume, *Apple* recevra de nombreuses chroniques très favorables des journaux nationaux comme Uncut, Rolling Stone Magazine et même le New York Times.

La démo de Stone Gossard

Au sujet de la mort du Love child, Kim Thayil disait : « *Les dernières fois que j'ai chialé, c'est quand Andrew Wood est mort, et quelques fois par la suite, quand je pensais à lui.* »

La scène hybride naissante encaisse mal le décès de Wood. Ce jeune type talentueux, qui ne se prenait pas au sérieux, ce type qui avait joué ses morceaux depuis dix ans dans tous les rades de l'état, et à qui on venait de promettre le succès avec MLB, non, ce type ne méritait pas ça.

Après le choc de sa mort, peu à peu Stone se remet à jouer avec Mike McCready, un copain de lycée fan de Hendrix, ex-guitariste du groupe Shadow. Aussi incestueuse que soit la scène de Seattle, Stone n'a jamais joué avec lui auparavant. Au début de l'année, dans une fête il avait revu Mike bourré qui jouait du Steevie Ray Vaughan, et avait été impressionné par son jeu, malgré l'alcool. Quand Stone reprend la gratte après son deuil de MLB, le souvenir de cette soirée lui revient.

Les deux guitaristes travaillent sur les compositions de Gossard. Les notes et les solos improvisés par McCready possède un côté seventies aux frontières du blues, assez éloigné du heavy metal.

Stone en vient naturellement à parler avec Jeff Ament des compos qu'il a écrites. Ce dernier hésite entre reprendre ses études de graphiste, et accepter un poste de bassiste chez les War Babies avec lesquels l'enregistrement d'un album est programmé, et la signature chez Capitol planifiée. Ament décide de continuer avec War Babies, mais quelque temps plus tard, à un concert des W-B, Stone retente de convaincre son ami de venir au moins jouer avec eux un après-midi, pour voir. Jeff connait les qualités de Mike McCready pour avoir joué avec lui lors d'un concert de Luv Co. Il sait également que Stone est un bon compositeur. Cela n'engage à rien d'aller voir.

Et la sauce prend, peut-être parce que ces types se connaissent et savent jouer. Peut-être également parce que Husker Dü, et Jane's Addiction, résonnent dans les compos de Gossard, que le côté heavy commence à se fondre dans un rock dur et alternatif.

Avec l'aide de Matt Cameron (batteur de Soundgarden), ils enregistrent les morceaux aboutis au Reciprocal Studio de Jack Endino. L'un des titres s'appelle Dollar Short, un riff guitare qui tourne en boucle dans la tête de Stone depuis la mort de Wood, et que Mother Love Bone a joué durant son dernier concert. À la recherche d'un batteur définitif et d'un chanteur, ils font tourner la démo dans leurs réseaux.

Quand Gossard et Ament passent un jour à Los Angeles pour la promo contractuelle d'*Apple*, ils en parlent à Jack Irons, ex-batteur des Red Hot Chili Peppers, dans le but qu'il rejoigne leur projet. Mais Irons attend un enfant et vient de signer comme batteur de tournée pour Redd Kross. L'ex Red Hot décline donc l'offre. Stone lui file une démo, au cas où il connaisse un chanteur. Jack leur parle d'un ami à lui, un type de San Diego : Eddie Vedder qui vient de larguer son groupe et qui cherche quelque chose de solide.

Ces derniers mois, Eddie a rejoint un groupe rock nommé Indian Style. S'il n'existe aucune trace connue de la musique produite au sein de cette formation vite oubliée, son jeune batteur s'appelle Brad Wilk qui, deux ans plus tard, connaîtra une renommée internationale avec Rage Against The Machine.

Jack Irons passe la démo à Eddie Vedder après leur habituelle partie de basket. De retour à San Diego, Vedder écoute la cassette. Il la réécoute, en boucle, trouve ça génial, n'en dort plus et surfe des heures durant en pensant à des mélodies, des paroles... Au final, usé de fatigue mais à bloc d'idées, à l'aide de son quatre pistes il enregistre son chant par-dessus les morceaux, rebaptise les titres (*Dollar short* devient *Alive*) et la renvoie à Seattle.

Puis il n'y pense plus.

Jeff reçoit la cassette d'Eddie et est soufflé par la voix, la présence et l'énergie rock'n roll qui s'en dégage. Il a déjà reçu des démos avec des clones d'Andrew Wood, des prétendants au trône du *Love child*. Mais ce type de San Diego n'a sûrement jamais entendu parler de Mother Love Bone.

Tout excité, il appelle Stone et ils réécoutent ensemble les morceaux. Les deux compères décident qu'il est urgent de recontacter leur futur chanteur.

Mais ce dernier est injoignable.

Quelques jours passent. Sur une plage, Vedder rencontre un de ses amis qui a acheté le dernier Rolling Stone Magazine. Là, il tombe sur un article pleine page parlant de la scène de Seattle. Il y voit Jeff et Stone en photo, pour la promo de l'album *Apple*, et réalise que ces types sont les Mother Love Bone. l'article parle de la fin de MLB, de leur futur projet et de leur recherche active d'un chanteur.

Vedder se dit qu'il doit prendre l'affaire un peu plus au sérieux. De retour chez lui, il apprend que Jack a tenté de le contacter un paquet de fois, tout comme Jeff Ament.

Eddie Vedder saisit son combiné téléphonique.

Eddie Vedder et Mookie Blaylock

« I've got scratches all over my arms.
One for each day since I feel appart... »
Eddie Vedder. Footsteps.

Trois des cinq titres sur lesquels a chanté Eddie Vedder sont liés, sorte d'opéra rock à la *Tommy* des Who. Vedder l'a intitulé the *Momma-Son Trilogy*.

Le premier titre, *Alive*, parle d'un garçon qui apprend que son père ne l'est pas, et que son vrai géniteur vient de mourir. Le regard de sa mère lui fait se sentir comme une copie d'un corps qu'il n'a jamais connu, de ce père disparu. La chanson flirte avec l'entrejambe et l'inceste.

Le second titre, *Once*, voit un homme blessé, marqué, qui pète un câble, se baladant avec un flingue, cherchant à l'utiliser alors que la chaleur de l'été l'écrase.

Le dernier titre, *Footsteps*, se passe dans le couloir de la mort. L'homme est passé à l'acte. A qui la faute ? Il attend l'application de la peine capitale.

Tant de joie et de bonne humeur ! Pourtant l'ex-chanteur de Bad Radio est un gars plutôt sympa, drôle une fois la timidité dominée, pro avortement, contre la peine de mort, un peu *straight edge* façon Ian MacKaye de Fugazi (l'un de ses modèles), et qui aurait bien voulu vivre de sa musique. Fan de rock, ayant écumé les clubs de concerts de toute la Californie, il voue un culte absolu aux Who et aux Ramones.

C'est le genre de gars pas toujours bien dans ses baskets, un peu en marge, qui, après le divorce de ses parents, apprend à l'adolescence que son père n'est pas son vrai père, que ce dernier, musicien de bal victime d'une sclérose en plaques, vient de mourir. Présenté comme un *ami de la famille*, Vedder se rappelle l'avoir rencontré quand il était gosse.

C'est le genre de type qui ne s'entend pas du tout avec son autre père, qui écoute du punk et fume dans les squats en se demandant s'il n'est pas en train de foutre sa vie en l'air. Le gars au lycée qui bosse déjà pour gagner sa croûte, qui sent que la réussite scolaire va lui passer à côté. Mais toujours souriant. Pas le genre de mec à s'auto-détruire, plutôt celui qui serre les dents, qui a du mal à se contrôler, qui pense que s'il n'avait pas la musique (celle de Springsteen, des Talking Heads, des Jackson five, des Ramones et, bien sûr, de la bande à Townshend) il se serait tiré une balle.

Ça aurait pu se passer à un autre moment, mais ce jour-là, après avoir absorbé la musique de Gossard, les paroles que rajoute Vedder sur *Alive* sont quasi autobiographiques, sans pudeur, crues.

La face du rock va en être toute retournée.

Le surfeur pompiste débarque dans la future Mecque du Rock. Les autres lui ont préparé un couchage dans un coin d'une galerie d'art qui leur sert de local de répétition. Pas beaucoup de discussion. Le premier titre joué est *Alive*.

Instantanément, Ament et Gossard savent qu'ils ont un groupe. Lourd de signification, *Alive* résonne dans leur tête comme une renaissance après la mort d'Andy. Les types vont jouer non stop pendant une dizaine d'heures.

Le lendemain rebelote, puis Vedder doit repartir travailler à San Diego.

De leur côté, Jeff Ament et Stone Gossard doivent se débarrasser de Mercury Records chez qui ils ont chacun un contrat d'artiste. L'ancienne équipe, avec qui ils avaient signé pour MLB, a disparu. Michael Goldstone bosse avec Epic et est d'accord pour retravailler avec eux, tout comme le manageur Kelly Curtis. Quitter Mercury ne sera pas facile, et coûtera de l'argent.

Matt Cameron rendant juste un service, le groupe doit trouver son batteur définitif. Il s'agira de Dave Krusen, originaire de Tacoma, un temps batteur de Liar's Club (groupe pop rock). Krusen a participé à un grand nombre de petites formations locales. Il ne vient pas du *Grunge*.

Au retour d'Eddie le travail reprend. Au bout de quelques jours, la bande a assez de morceaux pour un concert. Reste à trouver un nom rapidement.

En plus de la musique, les types se découvrent une passion commune pour le basket. Sans trop savoir comment, un autocollant de Mookie Blaylock, numéro 10 des New Jersey Nets, se retrouve collé sur la cassette démo de Gossard. Comme à Seattle, chercher un nom de groupe ne doit pas prendre plus de deux minutes, Mookie Blaylock est adopté à l'unanimité.

Depuis quelques jours, la rumeur murmure que les Mother Love Bone ont remis le couvert avec un nouveau chanteur. Le 22 octobre 1990, Mookie Blaylock donne son premier concert au club le Off the Ramp, passage obligé lorsqu'on veut faire quelque chose à Seattle. Le groupe fait la première partie de Inspector Luv & the Ride Me Babies (les futurs Green Apple Quickstep) et Bathtub Gin. Gossard est nerveux : ils n'ont répété avec Eddie qu'une semaine, et Dave Krusen a eu à peine trois semaines pour s'approprier les morceaux.

Environ 250 personnes se sont amassées dans la salle. L'aura du *Love child* est encore très présente et Vedder, tendu, sait qu'il n'a pas beaucoup en commun avec lui. Quand Andrew Wood donnait un concert on était certain qu'il allait se passer quelque chose. Mais là... Les auditeurs observent ce type au milieu, avec son balai dans le cul, qui ne sait pas quoi faire de ses mains.

Le show commence avec le titre *Release*. La voix de baryton se fait entendre et rapidement, le public constate l'absence de point commun entre la voix de Wood et celle du nouveau. Entre hard *Led zeppelinien* et rock psychédélique, les compositions jouées ce soir-là s'intitulent *Release, Alone, Alive, Once, Even Flow, Black, Breath* et *Girl*. Le son est lourd, la frappe de batterie puissante, et les solos de Mike McCready, grand fan de Jimi Hendrix et Stevie Ray Vaughan, fusent dans tous les coins avec, planant au-dessus, la voix puissante, tantôt mélodique, tantôt déchirée, du surfeur inconnu de San Diego.

Seattle 1990

Début 90, Soundgarden (chez A&M Records), War Babies et Alice in Chains (Columbia), Queensrÿche (EMI), Mother Love Bone (Mercury) et les Screaming Trees (chez Epic) ont rejoint les circuits des tourneurs internationaux, signant tous chez des grosses majors. En été, les Posies sortiront *Dear 23* chez DGC.

Une salve de nouvelles formations fuse sur la ville : Flop (du pop punk par des membres de Pure Joy, Chemistry Set et un ancien batteur des Fastbacks), Hammerbox de la chanteuse Carrie Akre (qui rejoindra Goodness en 94, puis The Rockfords) et bien d'autres. Sub Pop développe son catalogue avec le premier disque solo de Mark Lanegan (*The Widing Sheet*) et les enragés de Blood Circus, mais également grâce à des formations extérieures à l'état de Washington : Afghan Whigs du chanteur Greg Dulli, The Fluid…

Olympia voit naître Bikini Kill, le punk-rock de Tobi Vail et Kathleen Hanna. Autour de ce groupe de filles, et d'un second appelé Bratmobile (Oregon), va se cristalliser la seconde vague féministe dans cette partie des USA, en écho à celle des années 70, pour donner naissance aux Riot Grrrls. Les revendications sont le droit à l'avortement, le respect de toutes les femmes, l'égalité de salaire… Les 7 Years Bitch, (punk hardcore formé cette même année) et les Dickless (formation de Megan *queen of Grunge* Jasper de Sub Pop) en seront membres. Parallèlement à la contamination du *Grunge*, le Riot grrrl va créer un réseau dans tout le pays, de Los Angeles (les furieuses L7) jusqu'à Minneapolis (Babes in Toyland).

Lançant des hameçons dans le monde entier, Sub Pop label créateur du *Grunge* est parvenu à focaliser l'attention sur les disques de son écurie rock, sur son image et ses tee-shirts *Loser*. Suite à l'article de NME, la presse indépendante, les fanzines et les radios spécialisées relayent l'existence d'une scène régionale inconnue, d'un épicentre du renouveau de la contre-culture : Seattle. Avec son propre son, bien entendu, mais également ses artistes graphistes (comme Art Chandry et son esthétique post-punk), ses auteurs de comics underground (à l'image de Peter Bagge et de son héros paumé allergique au *Grunge*), ses spectacles *performances trash* avec le tout jeune Jim Rose Circus. Côté écrivain, Jesse Bernstein (poète de la *Beat generation* présent sur la compilation Sub Pop 200) reçoit l'étiquette *Grunge* avant de décéder en 91, année de parution du roman *Generation X* de Douglas Coupland.

Les lieux de concerts se multiplient dans la ville. Les formations locales jouent devant des salles bondées. De nouveaux groupes migrent vers Seattle, souvent sans grand intérêt musical, comme en témoignera Steve Turner dans *Come as you are : the story of Nirvana* le livre de Michael Azerrad : « *C'était vraiment pénible. Tous ces groupes d'imitateurs qui voulaient percer ici, ça n'avait rien à voir avec nous* ». En 82, des dizaines de formations dont personne ne se rappelle imitaient l'extérieur, singeant les Ramones, Kiss ou les Cramps. Début 90, les nouveaux arrivants imitent Mudhoney, piquent le son de Tad, veulent comprendre l'alchimie de Soundgarden pour la reproduire, ou se la jouent glam-rock façon Mother Love Bone.

Mais le buzz créé par Sub Pop va également ramener à Seattle les grosses majors mercantiles qui avaient délaissé la zone à la fin des années 70. Ces dernières n'ont pas encore fait le lien géographique entre les groupes qui sont allés signer chez elles.

Seattle va soudain devenir *bankable*.

Chris Cornell et le *temple du chien*

« He came from an island and died on the street »
Temple of the dog (Say hello to heaven)

Chris Cornell, chanteur guitariste chez Soundgarden, était le colocataire et l'ami d'Andrew Wood le *love child*. C'est en tournée qu'il apprend l'overdose et le coma. Les quatre Soundgarden prennent l'avion pour Seattle. Le surlendemain, Cornell, très affecté, dit adieu à Wood dans sa chambre d'hôpital.

Son deuil se traduit en musique, sous la forme de deux chansons-hommage à son ami : *Say Hello to Heaven* et *Reach Down*. Mais l'ambiance 70's, les textes longs et les mélodies rendent les morceaux difficilement adaptables au répertoire de Soundgarden.

Rapidement, Cornell pense à enregistrer les titres avec les survivants de MLB à qui il passe une cassette avec les deux titres. Quelques mois passent avant qu'Ament et Gossard répondent favorablement à l'idée. Bruce et Greg ne pouvant suivre, Gossard propose Mike McCready comme seconde guitare. S'ajoute tout naturellement à l'équipe Matt Cameron qui travaille sur les instrumentaux de Gossard. Le nom du groupe s'inspirera d'une ligne de chanson de Wood, *Man of Golden Words* :

« ... *Wanna show you something like the joy inside my heart... Seems I've been living in the temple of the dog...* »

Temple of the Dog est né.

En plus des deux chansons déjà écrites, Cornell, Ament et Gossard souhaitent développer quelques titres qu'Andy avait composé avant sa mort : des pistes esquissées sur des cassettes, des textes dont il parlait sur la fin de MLB. Mais devant l'accueil de la famille Wood (qui sous-entend l'exploitation par les musiciens du travail du *Love child*), les trois hommes, vexés, décident qu'ils produiront un hommage qui ne demande aucune autorisation, en écrivant eux-mêmes les titres.

Stone Gossard propose, extrait de la démo qu'il est en train de composer, *Times of trouble*, car elle provient d'embryons de chansons qu'il avait écrites du temps de Mother Love Bone. L'interprétation qu'en fera Vedder s'intitulera *Footsteps*.

L'écriture de l'album se fait assez rapidement, et dix titres sont bientôt finalisés.

La rencontre entre Chris Cornell et Eddie Vedder a lieu dans un studio de répétition. Le chanteur de Soundgarden bosse sur le titre *Hunger Strike*. Eddie attend dans un coin que ses nouveaux partenaires en aient fini avec Temple pour pouvoir attaquer leur projet commun. Cornell souhaite un certain type de chant pour le couplet et ne parvient pas à le sortir. Vedder propose de l'aider. Il est discret, personne n'a vraiment fait gaffe à lui, perdu parmi tous ces professionnels de la musique.

Étonné, Chris accepte. Vedder prend le micro et balance la sauce. « *il a chanté exactement de la façon dont je l'imaginais.* » racontera plus tard un Cornell impressionné. Il n'en faut pas plus pour que le chanteur de Soundgarden pense *Hunger Strike* comme un duo avec cet inconnu de San Diego.

Quelques semaines plus tard a lieu le premier concert de Temple of the Dog, au Off the Ramp (sans Vedder). Personne ne connaît le groupe, ni les chansons, mais la moitié de la salle sait de quoi on parle, et puis Cornell, Gossard et Ament sont connus de tous. L'autre moitié réclame du bon gros heavy métal et boit beaucoup.

Pour les aficionados, peu de trace de Soundgarden ou de Mother Love Bone, mais un embryon de l'autre *Grunge*, celui à venir, des années 90, qui relie au punk et au métal un fort accent 70's, un peu à la façon des Screaming Trees. Avant la mort de Wood, ce qu'on appelle *Grunge* est la marque de fabrique de Sub Pop, avec la prod d'Endino, le look de loser de Mark Arm et le son de Tad. Avec Temple of the Dog et le traumatisme Wood quelque chose de tragique vient s'ajouter à l'histoire.

Ce soir-là au Off the Ramp, le tout fou Mike McCready va délirer sur sa gratte et, entre deux morceaux, va balancer les premiers accords d'une chanson sans nom, qui deviendra des années plus tard le tube mondial *River of Deceit* d'un groupe nommé Mad Season.

Le set va être un poil plombé par un jet de cannette dans la tête d'Eric Johnson (un copain membre du staff Soundgarden) qui finira aux urgences.

Ce sera l'unique concert de ce groupe hommage.

Eddie Vedder (Temple of the dog) sur la vidéo de *Hunger Strike*.

Le Moore Theatre

Eddie Vedder s'installe définitivement à Seattle avec sa compagne, fin novembre 1990. Durant cette période ont lieu les sessions d'enregistrement de Temple Of The Dog, au London Bridge Studio. Les musiciens ont décidé de produire l'album par leurs propres moyens et de signer chez A&M Records, la nouvelle maison de disques de Soundgarden.

Co-producteur de l'album, Rick Parashar est le fondateur, avec son frère Raj, du tout nouveau London Bridge Studio. Musicien également, il joue du piano et de l'orgue sur certains titres. Temple Of The Dog sera son premier gros boulot en tant que producteur et ingé son.

Pour Eddie Vedder (invité à faire des chœurs et un duo sur Hunger Strike) et Mike McCready, c'est la première fois qu'ils entrent dans un studio professionnel.

L'équipe va boucler le futur album en quatorze jours.

Durant le solo de *Reach Down*, l'idée de Cornell est de retrouver ce feeling des longs délires psychédéliques des années 70. Il prévient le groupe que, durant la prise, il va quitter le studio et qu'ils ne devront marquer la pause que lorsque sans prévenir il réintégrera sa cabine. Au cours de la dernière prise, Mike est tellement dans l'ambiance qu'il en perd son casque, mais il continue à jouer comme un fou durant cinq minutes. *Reach Down* en compte plus de dix. La légende raconte que c'est cette prise qui se trouve sur l'album.

En pleine ascension, les joyeux drogués d'Alice in Chains ont prévu un concert au Moore Theatre, grand salle culturelle de la ville, pour y filmer une vidéo *live*. À la recherche d'un groupe local pour ouvrir le bal, l'équipe invite Mookie Blaylock, histoire de renvoyer l'ascenseur à Mother Love Bone qui les avait aidés au début, peut-être également en mémoire à Andy Wood. L'affiche du spectacle parle de *special guests*. Les Mookie Blaylock ont eu le temps de perfectionner leur set, d'augmenter le tempo, et Vedder d'affiner ses textes et son phrasé. Les fans de Mother Love Bone présents dans la salle sont conquis, à l'image de Cameron Crowe. Mari de Nancy Wilson (Heart), ce journaliste à Rolling Stone Magazine a déploré la mort de Wood et de son groupe promis à un grand avenir. Amoureux de la musique de Seattle, il voulait explorer l'univers rock de la ville au travers d'un long métrage, grâce à Andrew, Jeff et Stone, avec qui il avait déjà pris contact. À l'enterrement de Wood, et à la soirée qui a suivi, Crowe décide de poursuivre son projet comme un hommage.

Découvrant la voix de Vedder, comme beaucoup d'autres il est impressionné par la force émotionnelle du bonhomme, par sa sincérité.

À la fin de leur prestation, Chris Cornell monte sur scène pour un mini set improvisé de Temple of the Dog, et finit par prendre Vedder par le bras, le désignant à la foule pour adouber le nouveau venu. Dans les premières semaines d'existence de Mookie Blaylock, Cornell va prendre Vedder sous son aile. Persuadé que ce groupe va faire la différence sur scène, le chanteur de Soundgarden va encourager un Eddie Vedder un peu coincé à améliorer sa présence sur scène.

Les premiers papiers écrits sur Mookie sont, pour la grande majorité, enthousiastes, à l'exception de certains comme celui de Philip West, du Seattle Times qui qualifie la musique de *mauvais country rock des années 70*. Pour une partie de la scène, ça ne vaut pas le coup parce que ce n'est pas punk et que les solos font penser à du heavy metal des années 80. Mais la voix d'Eddie marque les esprits.

Le début de l'année 1991 voit Mookie Blaylock s'embarquer pour une mini tournée US en première partie d'Alice in Chains. Mettant en pratique les conseils de Chris Cornell, Eddie prend de l'assurance. Un soir, alors que le public attend les stars principales sans écouter Mookie, Vedder s'énerve et balance son pied de micro contre un mur de la salle, captivant l'attention des auditeurs surpris.

Après ça, le jeune surfeur va chercher l'interaction avec le public, sautant dans la foule dès que possible, se lâchant complètement.

Après leur tournée, en février/mars Stone, Jeff et Eddie participent au tournage de *Singles*. Voilà le titre du long métrage de Cameron Crowe, enfin arrivé à la phase de tournage.

Avec Matt Dillon (l'un des acteurs principaux), les trois musiciens forment un groupe fictif nommé Citizen Dick (référence à Citizen Sane un groupe de Seattle), dont les chansons sont des clins d'œil comiques à Mudhoney (*Touch Me I'm Sick* devient *Touch Me I'm Dick*) et Soundgarden (*Louder Than Love* devient *Louder Than Larry (Steiner)*).

Sans prétention, le film raconte les errances affectives de jeunes trentenaires à Seattle. On y voit des stars comme Bridget Fonda, Campbell Scott et Bill Pullman. Des concerts d'Alice in Chains, de Mookie Blaylock et de Soundgarden sont filmés au bar le Central Tavern, entre autres. Tad Doyle et Chris Cornell y font une apparition. S'habillant à la façon de Jeff Ament, l'acteur Matt Dillon va malgré lui homologuer le look *Grunge* à l'écran.

Le film sortira en septembre de l'année suivante et obtiendra un succès honorable. Warner Bros (distributeur du film) voudra même en faire une série TV. Crowe lâchera l'affaire en cours de route mais Warner insistera et donnera naissance à la série *Friends*.

Comme Pearl Jam plus tard, *Singles* sera critiqué parce qu'il capitalise sur l'immense vague *Grunge* déferlant sur le monde en 1992. Bien sûr, quand Crowe écrit le scénar de son film, fin 90, il n'y a pas de vague *Grunge*, et personne ne connaît Mookie

Blaylock.

De son côté, Sub Pop poursuit sa conquête du monde : après Mudhoney, le plus grand groupe de rock alternatif du moment, c'est l'heure de Tad qui sort l'album *8-Way Santa*, produit par Butch Vig. La jaquette de l'album montre une femme et un homme légèrement vêtus, couple coloré de post-hippies. Mais quand les deux intéressés vont découvrir leur tête sur l'album, ils vont immédiatement porter plainte. Sub Pop voit son plan promo sérieusement perturbé.

Comme si ça ne suffisait pas, pour le single de l'album (l'anti tube *Jack Pepsi*), Sub Pop a la trop bonne idée de prendre le logo de la marque Pepsi et d'y coller le nom de la chanson. La jaquette est jolie, certes, mais la grosse firme US va porter plainte et avoir gain de cause. Quand ça veut pas…

Le label vend de célèbres tee-shirts sur lesquels est inscrit le mot *Loser*. On ne le dira jamais assez mais la scène de Seattle est également célèbre pour son sens de l'humour.

Si elle n'est pas présente sur la BO, quelques secondes de la chanson *Jinx*, qui ouvre *8-Way Santa*, apparaîtra dans le film *Singles*. C'est déjà ça…

Pearl Jam

Mookie Blaylock devient Pearl Jam au printemps 91. La légende concernant ce nouveau patronyme est la suivante :

La grand-mère d'Eddie Vedder s'appelle Pearl. Elle était mariée à un indien avec lequel elle concoctait une bouillie à base de Peyote. Cette confiture avait des vertus hallucinogènes, car le Peyote contient de la mescaline, un puissant psychotrope.

Cette explication va entrer en résonance avec les concerts de plus en plus intenses, à grands renforts d'impros psychédéliques et de paroles inventées selon l'ambiance. Les témoins de ces shows auront l'impression d'avoir mangé la confiture de mamie Pearl.

En vérité, Gossard and co ne tiennent pas particulièrement à se faire appeler Mookie Blaylock à vie, d'autant plus qu'en ville des blagues circulent à ce sujet, et que l'utilisation d'un nom de la NBA est sujet à contrat. Il fallait un nom pour les concerts. Maintenant il en faut un vrai pour pondre un album et tourner.

Dans un resto de Seattle, le groupe lance des pistes. « *Pearl Gaffa* », extrait d'un titre de Kate Bush, arrive sur le tapis. Jeff Ament ne sait pas ce que ça veut dire, mais il aime le côté européen que ça dégage. En route pour signer avec Epic à New York, Gossard, Vedder et Ament assistent à un concert de Neil Young, avec Sonic Youth en première partie. Le final est hallucinant : une jam-session de quinze minutes.

À la fin du show, Ament lance aux deux autres : « *Et*

pourquoi pas Pearl Jam ? »

L'album Temple Of The Dog sort mi-avril 91 chez A&M Records. Ament et Gossard proposent à la maison de disques de rajouter un auto-collant avec leur nouveau nom Pearl Jam sur l'emballage, pour leur filer un coup de pouce. A&M ne voit pas l'intérêt, vu que personne ne connaît de groupe sous ce patronyme.

Apprécié par la critique, les radios et la scène locale, Temple Of The Dog va vendre environ 70 000 exemplaires.

Depuis son arrivée en fin d'année précédente, Eddie Vedder a eu le temps d'explorer les méandres de la cité en pleine effervescence et de reprendre certaines de ses activités de San Diego, à savoir dormir peu, écumer les clubs à la recherche de concerts et rencontrer des musiciens. Il a ainsi fait la connaissance des Fastbacks, des 7 Years Bitch, de l'équipe d'Alice in Chains, des nouveaux Supersuckers et a pu voir tout le gratin de l'époque jouer encore dans des clubs (Mudhoney, Nirvana, Soundgarden…).

Par l'entremise de Chris Cuffaro, un ami vidéaste, Eddie Vedder devient pote avec Mark Arm et les Mudhoney, dans cette période où les critiques se font de plus en plus dures sur Ament le vendu et son groupe de *hard country*. Comme l'écrit Prato dans son livre *Grunge is dead*, connaissant le passif, Vedder sera réticent à suivre Cuffaro chez les Mudhoney. Une fois là-bas, tous passeront une bonne soirée. C'est seulement quand Vedder sera parti que Cuffaro précisera qu'il est le chanteur de Pearl Jam.

« *Merde, il est sympa, ce mec !* » se consterneront Arm and Co, imaginant plutôt un type comme Axel des Guns'N Roses. Après cela, Arm cessera de descendre Pearl Jam. la rancœur entre les deux groupes s'estompera.

En juillet 91, Mudhoney sort *Every Good Boy Deserves Fudge* chez Sub Pop ; son meilleur travail d'après les critiques, avis rétrospectivement partagé par Steve Turner lui-même. Il est produit par le groupe et Conrad Uno de Pop Llama.

Peu à peu la folie du *Grunge* alternatif se calme, et tous les protagonistes (musiciens, radio, fanzines...) se disent que les choses vont redevenir normales après ces deux années (89/90) de folie punk.

Seattle va gentiment redevenir le trou du cul des USA.

Ten

« ... I'm still alive... »
Eddie Vedder. Refrain de la chanson *Alive*

Dans une interview pour la sortie de *Ten*, premier album des Pearl Jam, Eddie Vedder raconte que le groupe espère vendre environ 40 000 exemplaires de l'album, histoire de se faire un fonds de roulement et continuer à tourner. Le but est clair : faire de la scène.

Le nombre d'albums vendus ne correspondra pas tout à fait à la projection faite par Vedder.

Ten est enregistré en mars et en avril 91, à la même période que le *Badmotorfinger* de Soundgarden. Pour le projet, le groupe reprend l'équipe de Temple Of The Dog, retournant au London Bridge Studio de Rick Parashar.

En mai, un trois titres servant de single est distribué aux radios (KXRX...), à la presse locale et aux membres des fan-clubs de Mother Love Bone et Soundgarden. On y trouve la chanson *Alive*, *Wash*, ainsi qu'une reprise des Beatles : *I've Got A Feeling*.

Fin mai, Dave Krusen quitte le groupe ; problème de santé et d'alcool, il ne peut pas tenir le rythme.

En juin, l'équipe passe quelques jours en Angleterre pour le mixage de *Ten* par Tim Palmer du studio Dorking (qui a également travaillé sur *Apple*). Le solo guitare d'*Alive* pose problème. Plusieurs versions ont été captées, et en choisir une s'avère si ardu que Palmer propose un mix de toutes. Insatisfait, McCready enregistrera un nouveau solo en une seule prise ; celle de l'album.

De retour à Seattle, une tournée US est planifiée. Matt Chamberlain, batteur californien membre d'Edie Brickell & New Bohemians est appelé en renfort pour assurer les dates.

Même s'il apprécie la bonne entente au sein de Pearl Jam, Chamberlain ne restera pas dans l'équipe dont le but pour la prochaine année est de tourner sans cesse. Il préférera un boulot tranquille comme percussionniste au Saturday Night Live, célèbre émission américaine. Il leur parle d'un ami batteur du nom de Dave Abruzzesse.

Entre temps, Pearl Jam songe à produire une vidéo et explore plusieurs pistes. Une première idée, pour *Even Flow*, est de filmer le groupe dans un zoo, entouré de cages, un peu dans l'esprit des vidéos d'Alice in Chains, mais le résultat est plutôt affligeant.

Une seconde vidéo, en noir et blanc, est tournée en concert par Josh Taft un pote de Stone Gossard. Taft a déjà bossé avec Mother Love Bone (Stardog champion). Le titre choisi est *Alive*. Contrairement à l'usage et à l'avis de la maison de disques, la musique de la vidéo ne provient pas de l'album, mais de la prise directe du concert. Le groupe veut mettre en avant son côté *live*. *Alive* sera le premier clip de la sorte à passer sur MTV, et la première entorse du groupe aux traditions du *music business*.

C'est également la dernière fois que Chamberlain jouera avec la bande. Parmi le public présent pour la vidéo se trouve Dave Abruzzesse tout juste débarqué du Texas pour une entrevue avec la groupe. Le texan, à la frappe puissante et millimétrée, devient le batteur officiel de Pearl Jam.

L'album circule officieusement en ville, et on murmure qu'il pourrait devenir LE gros truc de Seattle. La même chose sera dite au sujet de *Nevermind* qui circulera en ville avant sa sortie.

Ten sort le 27 août 1991. Il comporte onze chansons. Le titre est une référence au numéro que porte le basketteur Mookie Blaylock.

En ouverture et en fermeture de l'album figure un instrumental étrange intitulé *Master/Slave*, parenthèses entre lesquelles s'inscrit *Ten*, puis débute *Once* dans sa version finale, assez éloignée vocalement du mini opéra de Vedder quelques mois plus tôt. Puis *Even Flow* déboule, sorte de gros riff à la fois heavy et funk, souligné par une seconde guitare rappelant Stevie Ray Vaughan. Les paroles parlent d'un sans-abri. Un mauvais souvenir de studio, car ils ont dû jouer *Even Flow* des dizaines et des dizaines de fois avant que Stone Gossard soit satisfait.

Commencent alors les premières notes d'*Alive* et sa déclamation universelle : *I'm still Alive*. Quoi qu'il arrive... Un hymne rock'n roll sur des paroles autobiographiques.

Why Go, à la rythmique féroce, suit les pensées d'une adolescente enfermée dans un asile psychiatrique à la demande de sa mère. Isolement, aliénation. Une histoire inspirée à Vedder par celle d'une amie à lui, internée parce qu'elle fumait du cannabis.

Black, balade dépouillée, représente la pièce centrale de *Ten*, son épicentre émotionnel, le souvenir désespéré d'une histoire d'amour révolue.

Puis arrive *Jeremy*, composé par Jeff Ament, racontant de l'extérieur la fin tragique d'un gamin qui se tire une balle devant la classe en cours de biologie. Dans le sous-sol de la galerie d'artistes, là où le groupe avait l'habitude de jouer, Vedder a lu un fait divers dans le journal : la tragique histoire d'un gamin nommé *Jeremy* et de son geste définitif. Et ça lui a rappelé une autre histoire, celle d'un type de son lycée avec lequel il s'était battu. Un type nommé Brian qui aurait utilisé une arme dans l'établissement.

Porch, la composition la plus punk de l'album, est la seule entièrement écrite par Eddie Vedder car ce dernier, à l'instar de Steve Turner en son temps, voudrait bien amener Gossard vers des incartades plus punk que métal. Ce qu'a dit le chanteur au sujet de ce titre pourrait se résumer par : « *si tu aimes quelqu'un, dis-le lui, quelle que soit la réponse.* »

Oceans fait la connexion avec la Californie, l'océan cher à Vedder et le surf, mais parle surtout de sa compagne Beth Liebling ; un titre chaloupé, optimiste, à grands renforts de percussions, quant à *Garden*, il adopte une formule rock propre à la fin des années 80 : couplet calme, refrain à gros son et disto.

Deep, mid-tempo bluesy plombé, explore des rythmiques bancales, avant l'arrivée du dernier titre de l'album : *Release*, des arpèges lancés en répé par Stone, sur lesquels tout le monde s'est greffé naturellement. Calme, le morceau gonfle, suivant la voix de Vedder et le souvenir de son vrai père décédé, jusqu'à l'explosion finale.

Les musiciens, Jeff Ament en tête, désirent un maximum de liberté d'action et ont prévenu Epic : *Ten* est une excuse pour tourner et jouer du rock'n roll devant un maximum de public. Que la maison de disques gère ce qu'elle veut avec le disque, mais qu'elle les laisse tourner comme ils veulent, où ils veulent. Voilà le deal.

D'où l'organisation d'une longue tournée (qui durera un an !) alors que personne ne sait si *Ten* va marcher. Les vieux routards que sont Ament et Gossard connaissent suffisamment de monde, depuis Mother Love Bone, pour mettre en place une équipe technique solide et soudée, sans souffrir de l'ingérence d'Epic dans ce domaine. Appuyée par Kelly Curtis, leur manager de la première heure, par les autres réseaux de Seattle (Soundgarden, Alice in Chains et Susan Silver), la formation n'a pas beaucoup de mal à obtenir ce qu'elle veut.

Eddie Vedder demande à Chris Cuffaro de produire un clip. A lui de choisir le morceau. Le vidéaste choisit *Jeremy*, mais Epic ne voulant pas de cette chanson comme single, Vedder doit insister pour autoriser Cuffaro à disposer des droits. La major s'incline à la condition que le réalisateur se finance lui-même. Charmant.

Cuffaro mettra plusieurs mois à trouver un financement et à

tourner une vidéo avec un acteur et le groupe en noir et blanc, pour qu'au final Epic rejette le résultat. Car entre temps Pearl Jam est devenu populaire, et la maison de disques a décrété qu'une vidéo de *Jeremy* était une bonne idée. Mais Epic désire financer son propre projet. Chris Cuffaro et son équipe en seront pour leurs frais. Quant à Vedder, il constate qu'il n'a pas beaucoup de pouvoir face à Epic.

La tournée commence.

Le public devient plus important à chaque concert à mesure que la réputation du groupe grandit. Le bruit se répand que sur scène, les cinq de Seattle se défoncent comme des enragés.

Illustration inspirée du *Stickman* de Jeff Ament, dessin que le bassiste a griffonné à la hâte parce que le groupe n'avait rien à proposé comme visuel à l'époque de leur premier single.

Nevermind

> « *I feel stupid and contagious.*
> *Here we are now. Entertain us…* »
> Kurt Cobain sur *Smells Like Teen Spirit*.

Retour au printemps 90. Kurt Cobain suit Buzz Osborne à Washington DC pour assister à un concert de Scream, groupe hard-core local dans lequel joue Dave Grohl, une connaissance d'Osborne. Batteur, le Grohl en question a de quoi impressionner : il frappe comme une mule, jusqu'à l'évanouissement, et possède un jeu inventif réglé comme un métronome. Voilà la puissance de feu qui manque à Nirvana. Comme Scream bat de l'aile et splitte quelques semaines plus tard, Cobain lui propose d'intégrer Nirvana. Grohl accepte. Les répétitions commencent.

Quand arrive le moment de bosser sur une maquette, suivant le conseil de Bruce Pavitt, Kurt et compagnie choisissent Butch Vig comme producteur. Vig, déjà à l'œuvre sur les albums de The Fluid et d'Urge Overkill, vient de finir Gish des Smashing Pumpkins (un succès dans les réseaux alternatifs) et bosse sur le prochain Tad. Vig est très éloigné du son Endino (qui utilise peu d'effets, en prises directes…) et préfère doubler les pistes, gonfler le son et la prod, chercher l'effet…

Bien que cette façon de travailler ne corresponde pas à son *éthique punk*, Kurt Cobain accepte. Fini la période Black Flag,

Melvins, le chanteur guitariste souhaite pondre le tube punk-rock ultime. Un croisement entre les Pixies et les Beatles, avec le grain de Sonic Youth, Le tout sonnant le plus heavy possible. Bref, en 1990, Cobain décide de faire autre chose que du *Grunge*.

Ironique...

Les enregistrements des sessions Vig (avec des titres comme *Aneurysm*, une vieille version d'*All Apologies*...) circulent chez les majors du pays. Le buzz se crée, et le moment est venu de quitter Sub Pop. Car Kurt Cobain désire que son groupe marche, qu'on lui donne les moyens de percer, de faire ses preuves. Il en veut à l'équipe de Pavitt de ne pas miser sur Nirvana, de n'avoir fait pratiquement aucune pub pour défendre *Bleach* et de ne penser qu'à l'image de leur label. Le groupe lorgne donc vers les grandes maisons de disques, attitude qui avait valu à Jeff Ament de se faire insulter par sieur Kurt quelque temps plus tôt. Le paradoxe Cobain...

Thurston Moore et Kim Gordon de Sonic Youth ont quitté le label SST, ainsi qu'Enigma Records (*Daydream Nation*) pour Geffen Records distribué par Warner bros. Les fondateurs de la noise croient en l'avenir de Nirvana, et présentent le trio de Seattle à la nouvelle filiale de Geffen, David Geffen compagnie (DGC) avec laquelle ont déjà signé les Posies. L'affaire est conclue, moyennant un arrangement financier avec Sub Pop qui vend le trio pour 75 000 dollars. DGC trouve cependant que les morceaux déjà mis en boîte sont faiblards niveau production et planifie un enregistrement dans un studio de son choix pour mai 91. Une avance de 280 000 dollars est conclue avec le groupe lors de la signature.

Nirvana travaille d'arrache-pied sur le successeur de *Bleach* dans une cabane louée au fond d'un jardin de Tacoma. Le trio bosse dix heures par jour. Des dizaines de morceaux voient le jour, dont la plupart est oubliée le lendemain, ou dont les enregistrements sont perdus. Mais Geffen tarde à verser l'avance financière promise, trop préoccupé par leur formation star du moment : les Guns'N Roses de Duff McKagan dont la sortie des deux volumes de *Use your Illusion* tarde et coûte à la major. Le problème, c'est qu'en attendant, Nirvana n'a pas une thune. En plein hiver, Cobain se les gèle et galère dans un appart minuscule d'Olympia, se demandant s'il doit vendre son ampli pour pouvoir bouffer. Savoir que David Geffen est milliardaire et qu'il est producteur d'albums les plus vendus de l'histoire du rock : *Their Greatest Hits (1971–1975)* des Eagles et *Appetite for Destruction* des Guns'N Roses, fait enrager Cobain.

C'est durant cette période grisâtre qu'un voisin d'Olympia, Dylan Carson, chanteur guitariste du groupe expérimental Earth, lui fait découvrir les joies dangereuses de l'héroïne.

Le moment d'enregistrer l'album arrive, et le trio n'a pas l'argent pour parcourir les 1500 km qui les séparent du Sun City Studios près de Los Angeles. En plus d'hypothéquer son matériel, le groupe organise à la dernière minute un concert au OK hotel de Seattle, histoire de récolter de quoi payer l'essence. Le public local accueille très favorablement les nouveaux morceaux. Se fait alors entendre une composition qui rend la salle carrément hystérique, à la grande surprise des trois musiciens. Le titre s'appelle *Smells Like Teen Spirit*.

Quelque temps auparavant, alors qu'il sortait avec Tobi Vail des Bikini Kill, Kurt Cobain lit sur le mur de sa piaule un graffiti qu'a laissé Kathleen Hanna (également membre des Bikini et ami de Tobi) : *Kurt Smells Like Teen Spirit* (*Kurt sent comme l'esprit adolescent*). Pensant y lire un message sur la révolte de la jeunesse et sur le sens de l'histoire, Cobain en fait un titre de chanson. Plus tard il apprendra que Kathleen a juste fait une blague sur lui parce qu'il était tellement scotché à Tobi Vail qu'il sentait le parfum de la jeune femme : un déo bon marché du nom de Teen spirit.

Les sessions d'enregistrement de l'album débutent comme prévu en mai, les trois punk-rockers parvenant à amener leur camionnette au studio. Contre l'avis de la maison de disque, le groupe a imposé Butch Vig comme producteur, car la confiance est importante pour Cobain, anxieux à l'idée de travailler pour une major.

Le producteur va faire un gros boulot sur la batterie (notamment la grosse caisse) de Dave Grohl dont il trouve le jeu impressionnant. De plus, il va obtenir de Kurt Cobain qu'il double ses parties grattes, seul moyen *naturel* de gonfler le son, ainsi que certaines parties voix, car Kurt milite pour la prise unique, façon concert, avec peu d'effets, ce qui ne cadre pas avec son envie de sonner *le plus heavy qui soit*.

Vig accroche immédiatement à *Smells Like Teen Spirit* et va participer à en faire un single, notamment avec l'ajout de chorus voix sur le pont avant l'arrivée foudroyante du refrain. Kurt, Krist et Dave ne songent pas une seconde à ce titre comme single, malgré sa puissance de feu. Ils trouvent le riff guitare tellement cliché. *Smells like Teen Spirit* est surtout un bon défouloir. Dave Grohl imagine plutôt *Lithium* ou *In Bloom* comme premier Single.

Pour enfoncer le clou et aller encore plus loin dans le gros son, le mixage final est réalisé par Andy Wallace, responsable du mix de l'album *Seasons In The Abyss* (1990) des trash-metalleux de Slayer dont sont fans les trois musiciens.

L'album s'intitule *Nevermind*, une référence à l'air du temps et aux Sex Pistols. Ses treize morceaux n'ont plus rien à voir avec *Bleach*. Si les structures rappellent le punk radical de la décennie passée, le reste lorgne vers autre chose de plus accessible, à la production énorme. Mais les paroles gardent le côté alternatif crypté et poétique du punk-rock selon Kurt Cobain. Les thèmes abordés sont dérangeants, voir malsains, quand il ne s'agit pas d'apathie, de drogue ou de stupidité des masses.

DGC donne son accord pour propulser *Smells Like Teen Spirit* comme premier single. Cobain ne s'attend à rien de particulier avec ce titre qu'il comparera à *Louie Louie* de Kingsmen. Parmi les autres morceaux figurent *Polly* (une ballade folk au sujet du viol d'une fillette du point de vue du violeur), *Come as You Are* à l'hymne fédérateur (dont le riff principal est pompé sur un titre de Killing Joke), *Territorial Pissing*, *Lithium* (qui reprend en l'amplifiant la recette couplet calme-refrain énervé des Pixies), *In bloom*...

Après *Something in the Way* qui clôt l'album, titre décharné d'une simplicité et d'une émotion déconcertante (Souvenirs du chanteur de sa période *je dors sous les ponts*), il faut attendre vingt bonnes minutes pour écouter un *morceau caché* nommé *Endeless/Nameless* (décharge sonique bien noise et bien violente).

Flairant un grand potentiel *alternatif* à l'affaire, Geffen songe d'abord à vendre 50 000 exemplaires de *Nevermind* et n'en fait presser pas un de plus. Durant le concert de lancement du disque, les responsables présents révisent leur optique commerciale en observant l'effet que produit *Smells Like Teen Spirit* sur l'auditoire. Au final la firme pense pouvoir en vendre 250 000 exemplaires.

Là encore, comme pour *Ten*, une petite erreur de chiffres...

Smells Like Teen Spirit est édité en septembre, deux mois après le second album de leur potes *dieux du Grunge locaux* Mudhoney. Le public radio est très enthousiaste. C'est après la diffusion du clip sur MTV que *Smells Like Teen Spirit* va grimper en flèche dans les classements de musique des USA, sans que quelqu'un y comprenne quelque chose, sans pouvoir s'arrêter, jusqu'à terminer n°1 du Modern Rock Tracks, et n°7 du Mainstream Rock Tracks. Le truc pas pensable, en fait...

Les trois punk-rockers en sont les premiers surpris. En tournée, ils jouent dans des salles de 300 personnes à tout casser, et s'amusent de voir leur clip passer sur MTV le soir dans les motels.

Mais le public augmente, la contenance des salles également, et la fin de tournée se fait devant des milliers de gens (sans compter ceux qui n'ont pas pu entrer et qui s'amassent dehors). Les fans hard-core du début se mélangent à des gens normaux (comprendre : habillés sans fringues usés ou troués, avec zéro tatouage, pas de piercing, sobres...). L'ambiance devient étrange, électrique.

À la fin de la tournée, les Mudhoney, qui ont pris Nirvana comme première partie, doivent se rendre à l'évidence : ils ne sont plus le plus grand groupe de rock du *grunge* et doivent céder leur place en tête d'affiche. *Touch Me I'm Sick* et sa maladie Rock'n roll résonne dans le refrain de *Smells Like Teen Spirit* : *I feel stupid and contagious.*

La raison de tout ça s'impose rapidement : en quatre accords, le trio vient de changer la face du rock.

L'heure de gloire pour Nirvana et Seattle vient donc de sonner, pour le meilleur et pour le pire. Les musiciens punks de la première heure ont toujours imaginé qu'ils n'accéderont jamais au sommet, que personne ne viendrait les chercher dans leur trou du cul du nord-ouest, et que le devant de la scène culturelle des USA n'était pas pour eux. Mais dans le bus, après un concert de Pearl Jam en première partie des Red Hot Chili peppers, avec Nirvana en seconde partie, Mike McCready apprend que *Smells Like Teen Spirit* est en première place des charts rock et se dit : « ça y est : c'est arrivé. »

Après la sortie de *Ten* quelques temps plus tôt, Jack Irons a parlé à ses amis les Red Hot Chili Pepers du nouveau groupe de Vedder, de façon à l'inclure dans la tournée du nouvel album des Peppers (*Blood Sugar Sex Magic*, qui fait un carton), en compagnie des prometteurs Smashing Pumpkins. Ces derniers annulant leurs dernières dates, ils sont remplacés par Nirvana.

Fin 91, Jouant pour la New Year's Eve avant Nirvana et ses idoles que sont les Red Hot, le jeune surfeur veut marquer les esprits. Suivant ses impulsions, durant le solo de *Porch* il grimpe le long de piliers pour se retrouver suspendu à dix mètres au-dessus de la scène. Le public hallucine, Mike McCready s'inquiète. Dans la foule, Dave Grohl n'en croit pas ses yeux. Fléa (bassiste des RHCP) l'appellera Crazy Ed. La vérité, c'est que ce jour-là, suspendu à ces barres de ferraille, Vedder se sent con, se demandant comment descendre sans se briser la colonne.

Ce jour-là, le début de *Smells Like Teen Spirit* sert d'intro à *Porch*, avec cette remarque amusée des musiciens : « *Rappelez-vous, on l'a joué en premier !* » La blague leur sera reprochée plus tard. Quoi qu'il en soit, le monde va découvrir la furie live de Pearl

Jam, groupe inconnu, quant à Vedder, de plus en plus possédé, il va apprendre un nouveau jeu praticable uniquement sur les grosses scènes : l'escalade des armatures.

Seattle 1992

« *Everybody loves us. Everybody loves our town...* »
Mudhoney. Paroles d'*Overblown*
(B.O du film *Singles*).

Numéros 1 des charts US, *Nevermind* détrône Michael Jackson au début de l'année 92 ; tout un symbole pour le rock alternatif des USA qui, depuis dix ans, attend son heure. Jackson le *roi de la pop* représente la suprématie des grosses majors du disque sur le monde culturel et musical du pays. La venue de Nirvana est salvatrice pour l'ensemble de la presse rock.

Cobain, Novoselic et Grohl s'amusent de la situation. Purifier le top 100 US grâce au saint punk-rock, voilà une entreprise de salut public. En vérité, Nirvana est en tournée, aligne les interviews, joue le jeu de DGC et ne réalise pas encore les conséquences de tout ce cirque.

Dans la ville du *Grunge*, la montée de *Nevermind* a été suivie par les amis du groupe, par l'équipe Sub Pop et les artistes punks de la première heure. Le rock alternatif de la ville a conquis le monde.

Dans le même temps, Alice in Chains sort *Sap*, un cinq titres entre acoustique et rock. L'objet va devenir disque d'or, fait rare pour ce type de support. Sur deux titres (*Brother* et *Am I Inside*) Ann Wilson (de feu le groupe Heart) fait des chœurs. *Right Turn*, le 3e titre, est chanté par un groupe inconnu appelé Alice

Mudgarden. On y reconnait les voix de Mark Arm et de Chris Cornell.

Une photo du livret résume les rapports d'AIC avec le *star system* et les médias : les quatre compères urinent sur des photos de presse les représentant. Toute une poésie.

Badmotorfinger de Soundgarden est sorti quelques mois plus tôt en octobre 91 avec un changement de Line-up puisque Hiro Yamamoto a quitté le groupe pour poursuivre des études, cédant sa place à Ben Shepherd. L'album va atteindre la 39e place du Billboard 200. Un titre aussi puissant et agressif que *Jesus Christ pose* confirme à tous la qualité d'écriture du quatuor, même si le clip sera censuré par MTV. On trouve également le titre *Rusty Cage* qui sera repris par Johnny Cash sur *Unchained* en 1996.

En première partie de pointures du rock comme Guns'N Roses, le groupe de Cornell découvre les concerts devant des dizaines de milliers de personnes et au final n'en tire pas un plaisir si grand. Cornell trouve l'ambiance de ces stades remplis plutôt étrange.

Musicien un jour, musicien toujours, Hiro Yamamoto ne peut s'empêcher de revenir vers le rock et forme Truly avec le chanteur Robert Roth et le batteur des Screaming Trees Mark Pickerel. Pickerel vient de quitter les Trees, car les longues tournées aux quatre coins du monde ne le tentent pas du tout. Et depuis qu'ils ont signé chez Epic, c'est ce qui attend la bande à Mark Lanegan.

Depuis août 91, la formation de Stone Gossard n'arrête pas de tourner, de New York à Paris où le groupe fera un concert mémorable à la Locomotive. Durant le set, Vedder déclarera à la foule française qu'ils ne viennent pas du tout de Seattle, et que si quelqu'un lui parle encore de la *scène de Seattle*, il va vomir et se chier dessus. Ce soir-là, ils joueront un extrait de *Suggestion* de Fugazi avant d'entamer *Breath*.

Ten gagne en popularité, aidé en cela par la qualité de leurs prestations scéniques, mais également grâce à la vidéo d'*Even*

Flow toujours filmée par Josh Taft au Moore Theatre. *Alive* devient un hymne du rock épique, obligeant Vedder à préciser que le sujet est plus trouble. Le solo de Mike McCready devient l'un des deux cents solos les plus importants du rock. Interviewé à ce sujet, McCready ridiculise la chose en précisant qu'il l'a piqué à Ace Frehley (Kiss) qui lui-même l'a piqué à Robby Krieger des Doors qui déjà l'avait chipé à un bluesman.

Précédant de trois mois la sortie du film de Cameron Crowe, sa B.O sort en juin et va emporter un très grand succès. Elle met à l'honneur toutes les stars de la ville, à l'exception de Nirvana qui ne faisait pas encore partie des *pointures* quand le film a été tourné. Crowe a fait appel à Paul Westerberg, des Replacements pour les chansons phares du film : *Dyslexic Heart* et *Waiting For Somebody*.

Y figurent également Mother Love Bone (vénéré par Crowe) et, bien entendu, la suite de MLB : Pearl Jam avec deux titres (*State Of Love And Trust* et *Breath*). On y trouve également Soundgarden (avec le violent *Birth Ritual*), Chris Cornell (pour la première fois en solo avec *Seasons*), Mudhoney (*Overblown*) et les Screaming Trees (*Nearly Lost You*), entre autres.

Alice in Chains est présent avec *Would ?* (une chanson sur Andrew Wood) titre magnifique et emblématique de *Singles*. En souvenir du *Love child*, Cameron Crowe va même en réaliser un clip.

Troisième vidéo de Pearl Jam, *Jeremy* est diffusé à partir d'août 1992, soit un an après la sortie de *Ten*. Un extrait si tardif confirme que Epic/Sony veut profiter de la vague *Grunge* jusqu'au bout. Cobain et sa bande vont également être pressé comme des fruits trop mûrs par Geffen, alignant les clips les uns après les autres.

Epic ayant rejeté le *Jeremy* de Chris Cuffaro, c'est Mark Pellington qui s'y colle. Respectant l'idée de la chanson, la vidéo de Pellington met en scène un adolescent en difficulté, ne pouvant communiquer avec ses parents, qui se fait sauter le caisson devant ses camarades de classe durant un cours. Le groupe veut frapper fort, avec un sujet qui tient à cœur à Vedder : les armes à feu aux USA. La vidéo est refusée par MTV qui la juge trop explicite. À la demande de la chaîne, Pellington coupe le plan du gamin qui se met le canon dans la bouche et rend la scène finale plus suggestive. MTV accepte de la diffuser, mais sa perception par le public devient ambiguë, certains imaginant que le gosse tire sur ses camarades (car ils sont couverts de son sang).

Le clip passe alors en boucle sur les chaînes musicales, en alternance avec *Smells Like Teen Spirit*.

Au festival Pink Pop (Pays-Bas) Eddie Vedder crée l'événement durant *Porch* en grimpant sur une caméra qui peut surplomber la foule et en se jetant dans le vide pour surfer sur le public. Sur scène, les autres sautent partout, déchaînés. Durant l'été, Pearl Jam participe à la tournée itinérante de Perry Farrel (Jane's Addiction, Porno For Pyros) intitulée Lollapaloosa, au côté des Red Hot Chili Peppers, de Ministry, de Ice Cube et de Soundgarden.

Pour couronner sa longue tournée, le groupe enregistre un MTV Unplugged pour la grande chaîne musicale. Le principe est de jouer en acoustique, et en petit comité, une dizaine de morceaux. Lorsqu'ils arrivent au studio, les cinq gars sortent d'une période de concerts non-stop, crevés, excités, sur une autre planète. Bien qu'interprété avec des guitares acoustiques, le show transpire le rock'n roll amplifié. Dave Abbruzzese garde la même frappe que d'habitude, Mike McCready se lâche et Vedder hurle comme un beau diable.

Conscient qu'il va être regardé par des milliers de personnes, le chanteur en profite pour saisir un marqueur et inscrire sur son bras pro-choice, sigle pour le droit à l'avortement, durant *Porch*.

Vedder l'activiste a déjà fait publier un article dans le magazine Spin sur le droit des femmes intitulé *Reclamation*. Comme ça, c'est clair. Durant la période des élections, le chanteur apparaîtra plusieurs fois dans des émissions TV avec un tee-shirt

« *No Bush* 92 ». Selon la politique des chaînes, certains réalisateurs recadreront en direct, de façon à ne pas avoir le tee-shirt dans le champ.

Automne 1992, le groupe décide de ne plus tourner de vidéos du tout. Le staff d'Epic n'y croit pas.

Non content de siéger à la première place des classements rock du monde entier, *Nevermind* y reste plusieurs semaines. Les médias s'emparent du phénomène, dissèquent le trio d'Aberdeen, boivent ses paroles, les déforment et font la connexion entre Nirvana, le *Grunge* et Seattle (élue la ville la plus *cool* du monde) pour le plus grand bonheur des majors du disque et des mercenaires de la mode qui comprennent enfin le potentiel du *Grunge*. Le monde veut connaître Nirvana, Alice in Chains et Pearl Jam.

En septembre, les Screaming Trees sortent leur sixième album : *Sweet Oblivion*, à la même période de la sortie en salle du film *Singles*. Barrett Martin a remplacé Pickerel comme batteur. Avec leur titre *Nearly Lost You*, cet album va être leur plus gros carton, écoulé à plus de 300 000 copies.

La bonne réussite de Butch Vig est une aubaine pour DGC qui lui propose de s'occuper du prochain album de Sonic Youth. L'heure des grosses guitares ayant sonné, Geffen veut se faire un max de bénéfices. *Dirty*, septième album des new-yorkais va profiter de l'engouement Grunge du moment sans sacrifier sa musique. Malgré ce coup de projecteur, et un disque béton, le gros succès escompté par DGC ne sera pas au rendez-vous, pour le plus grand bonheur de Sonic Youth.

Pas de succès planétaire pour les Young Fresh Fellows avec leur nouvel album *It's Low Beat Time* sous l'étiquette indépendante Mordam Records, et encore moins pour Gas Huffer qui publie *Integrity Technology And Service* chez Empty Records. A croire que le panthéon *Grunge* est sélectif et ne choisit que les disques des Majors. Les Young Fresh Fellows parviendront néanmoins à tourner hors USA, notamment en Asie, passant pour des stars à des milliers de km de chez eux, ce qui les fera bien marrer.

Pas de *success story* non plus pour les Melvins qui, après *Bullhead* (1991), sortent *Lysol* chez Boner Records pour moins de 600 dollars. Mais Dave Crover est surpris de voir que l'album plaît malgré des expérimentations qui se durcissent (Le titre d'ouverture *Hung Bunny* - monstre sonore de dix minutes - est difficile d'accès pour les fans de *Grunge* MTV). *Lysol* (et accessoirement la pub que Cobain fait dans tous les magazines à la bande à Buzz) permet aux Melvins de tourner avec Soundgarden et de signer chez la grosse major Atlantic Records. Le public de Soundgarden a un peu de mal avec le *sludge metal*, quant à Atlantic Records, qui ne comprend rien à cette musique, ils ne pensent qu'en termes de *Hype Grunge*.

Courtney Love et son groupe Hole débarquent en ville. Leur premier album, *Pretty on the Inside* produit par Kim Gordon (Sonic Youth) est sorti en 91 et a bien marché dans le circuit indépendant. Courtney Love se marie avec Kurt Cobain en 1992. Ils deviennent pour la presse le couple star provoc du moment, les Sid Vicious et Nancy Spungen des années 90.

Diffusée en fin d'année, le *MTV Unplugged* de Pearl Jam enfonce le clou et confirme l'ascension du groupe vers les sommets du rock, finissant de convaincre les sceptiques. Contrairement aux habitudes de l'émission, il ne sortira pas en CD (qui circulera en version pirate pendant plus de huit ans). Les auditeurs plébiscitent surtout la chanson *Black*, que Vedder a interprétée avec ses tripes. Epic annonce son intention de sortir la chanson comme autre single, mais les Pearl Jam refusent.

Malgré cela, la ballade atteindra la 3e place du Mainstream rock charts, sans être sortie sur un autre support que l'album. Encore plus étonnant, *Yellow Ledbetter*, face B de son état, apparaîtra dans les charts anglais car plébiscité par les radios.

Fait rarissime pour une formation d'à peine plus d'un an, Pearl Jam sera présent quatre fois courant 92 au Hot 200, le classement des 200 meilleures ventes d'albums : en plus de *Ten*, ils sont présents sur la BO de *Singles* qui cartonne, Gossard et

Ament sur la réédition de *Apple* de Mother Love Bone (Polygram en profite pour coller un sticker Pearl Jam sur le disque) et sur la réédition de Temple Of The Dog. En effet, devant l'ampleur que prennent Pearl Jam et Soundgarden, plus d'un an après sa sortie (et la demande de coup de pouce de Ament et Gossard) A&M réédite Temple Of The Dog avec cette fois un joli auto-collant précisant les groupes d'origine des musiciens. Pour l'occasion, la boîte leur propose de produire un clip pour *Hunger Strike*. Cette fois, les ventes de Temple vont dépasser le million de copies !

Au moment où le cirque alternatif de 1990 tendait à se calmer, Seattle voit débarquer une nouvelle cargaison de journalistes, beaucoup plus nombreuse cette fois, armée des caméras du monde entier. Les groupes locaux, le clan Sub Pop en tête, y voient l'opportunité de parler de leur travail, de leurs disques. Mais contrairement à la presse alternative, les nouveaux arrivants qui fondent sur la ville n'ont aucune notion de l'histoire musicale du nord-ouest. Ils veulent témoigner de la hype ; ils veulent des stars. Mudhoney, Tad, les Fastbacks, les Gits, les Monomen, Beat Happening Skin Yard, Some Velvet Sidewalk, Dead Moon, et même parfois Soundgarden et les Melvins... Tous ces noms ne leur disent rien. Le bulldozer médiatique les considère tout au plus comme des échantillons représentatifs de la mode vestimentaire *Grunge*.

Alors que les ventes de Ten progressent à vue d'œil, Eddie et les autres apprennent la mort par overdose d'une amie musicienne, Stefanie Sargent (guitariste chez les 7 Years Bitch).
Encore une victime du *rock'n roll*...

La face commerciale du *Grunge* ?

« ... Ils ne méritent pas l'attention qui leur est portée grâce à la scène de Seattle ! ils n'en ont jamais fait partie... »
Kurt Cobain au sujet de Pearl Jam.

L'année 92 voit fondre sur Pearl Jam autant de critiques virulentes que de louanges outrancières. Kurt Cobain n'a pas oublié *l'affaire* Green River. Nouveau porte parole de la *scène alternative*, le chanteur de Nirvana déteste l'idée d'être assimilé à Ament et à sa clique compromise. Il se défoule sur le groupe par voie de presse, entre accusations de carriérisme et insultes, s'amuse à faire des blagues téléphoniques de mauvais goûts à Vedder et s'accroche comme il peut à son idéal punk : « *On se sent assez proche de Mudhoney et de Tad, mais surtout pas d'Alice in Chains ou de Pearl Jam qui peuvent aller se faire enculer !...* »

Une partie de la *scène* de Seattle s'amuse du sérieux et des ambitions des Pearl Jam, quand certains ne se foutent pas carrément de leur gueule comme John Leighton Beezer, ami de Arm et Turner, qui imagine Jeff Ament et Stone Gossard comme des rocks star prétentieuses.

De par le monde, des pro-Nirvana vont suivre l'inflexion de leur mentor pour condamner Pearl Jam, accusé d'être un groupe de majors, préfabriqué, qui ne cherche qu'à surfer sur la vague *Grunge*. Le geignard Vedder, homme sans talent, ferait de la lèche à Kurt Cobain (à qui, lit-on, il désire ressembler), pose dans les médias, multiplie les interviews complaisantes et tourne des clips commerciaux en cascades. Suivant l'avis de Kurt Cobain, des critiques rock comme Keith Cameron (journaliste au NME) accusent Pearl Jam de voler la jeunesse pour s'enrichir. Les membres du groupe ne rêveraient qu'à leur compte en banques, aux limousines, à se faire des groupies en bouffant de la coke.

Jamais Pearl Jam ne pourra se défaire de ces accusations.

Le problème de Cobain, c'est *Nevermind*, certifié plusieurs fois disque de platine (des millions d'exemplaires vendus !). Ce succès incroyable chamboule son existence, ses repères et sa sacrée *crédibilité punk*. Il est devenu trop gros pour continuer à jouer dans les réseaux qu'il vénère. Et puis il y a sa vie privée qui s'étale dans la presse. Sans trop réfléchir, il utilise cette même presse pour se défendre et reparler de lui, de sa vision intègre. Les journaux se régalent.

Devenu un disque de hits dans le monde entier, *Nevermind* tend à devenir un standard du rock, et donc à se transformer en disque commercial, ce qui le rapprocherait de Pearl Jam. Et ça, non ! Kurt raconte partout qu'il n'aime pas le mix de *Nevermind*, le trouve trop lisse, trop MTV. Expliquant sa fatigue et son ras-le-bol en fin de sessions studio, il conclut qu'il s'est fait rouler et qu'on a fait de son album une usine à tubes pour radio. Butch Vig précisera plus tard que Cobain est sorti du mixage satisfait et qu'il aurait sûrement aimé son album s'il s'était vendu à 40 000 exemplaires et si un tel succès ne lui était pas tombé sur le coin de la gueule.

Les réponses de Pearl Jam seront tardives. A Keith Cameron, Vedder répondra sur scène, invitant les pro du bootleg à pirater ses concerts (ce qu'ils feront, à prix d'or !), et aux autres à produire des copies de *Ten* et à les faire circuler. Au sujet de Kurt Cobain, Eddie apprécie la musique de Nirvana et n'a aucune raison de descendre qui que ce soit par voie de presse, surtout s'il vient de Seattle. Il questionne juste la difficulté à faire un punk-rock intègre maintenant que Nirvana est aux mains des majors.

Stone Gossard reste à l'écart de tout ça. Idem pour Mike

McCready. Abbruzzese se contente d'être une star.

Pour Jeff Ament, c'est plus dur. Kurt Cobain l'attaque sur son intégrité et sa légitimité comme musicien de la première heure, jouant dans les squats de Seattle dès 1982. Ament se retient plusieurs mois avant de se lâcher à un journaliste de Rolling Stone Magazine.

« Qui profite du succès de qui ? Si on veut jouer au con, on peut dire que Nirvana a sorti son premier disque avec l'argent que Green River a fait gagner à Sub Pop ! »

Le bassiste conclura en substance qu'il faisait les premières parties de Hüsker Dü et des Butthole Surfers alors que le leader de Nirvana apprenait à jouer de la gratte et écoutait du heavy metal.

Allez donc y comprendre quelque chose.

Il est vrai qu'au-delà du mix punk/metal du *Grunge* d'origine auquel ils ont participé avec Green River, les Pearl Jam sont la fusion paradoxale de deux mondes antagonistes. Voilà tout le problème...

La première composante est héritée des méga-concerts des seventies (Led Zeppelin, the Grateful Dead, Queen, Kiss...). Consommés par la jeunesse, des fans en quête d'idoles, le rock des stades est géré par les majors et reflète les meilleures ventes de disques. Commercial, pas toujours innovant, il est souvent produit par des *rock-stars*, masculines pour la plupart, à l'égo surdimensionné, qui ne rechignent pas à s'étaler dans la presse *people*, histoire d'augmenter leurs chiffres.

La seconde composante est la résultante de la contre-culture punk, de ses codes esthétiques, de sa logique contestataire en rupture avec l'art traditionnel et le conformiste. Les groupuscules punks dispersés de par le monde, se sont développés en sous-genres tels que le hard core, la no wave, le metal ou le trash, rejetant l'argent roi, les rock-stars et le consumérisme des stades (du moins en théorie) et, pour certains, les solos de guitare symboles du heavy metal phallocrate.

D'une certaine manière, Eddie Vedder, Kurt Cobain et, dans

une moindre mesure, Layne Staley et Chris Cornell, sont les premières stars du punk à remplir des stades, d'où un paradoxe dur à assumer, car dorénavant le packaging punk relooké *Grunge* va avoir droit de citer dans les stades, dans les pubs, dans les magazines de fringues et les émissions débiles pour la jeunesse.

On reprochera surtout au surfeur pompiste de San Diego d'avoir refourgué le rock alternatif à un public de stade façon MTV qui n'en avait rien à foutre du *Grunge*. Mais on pourrait dire exactement la même chose au sujet de *Nevermind* mâtiné à la sauce média de David Geffen.

Courtney Love, leader du groupe punk rock Hole, et épouse de Kurt Cobain depuis peu, participe sans vergogne à l'assassinat public de Vedder et de Pearl Jam. *Live Through This*, second album réussi de Hole profitera de l'avènement de Nirvana (et surtout de sa chute) en vendant des millions d'exemplaires, sans que la presse rock le lui fasse remarquer. Deux poids, deux mesures.

Dirt

« Down in a hole... losing my soul...
Down in a hole... losing control... »
Layne Staley sur *Down In A Hole*.

La fin de cette folle année 1992, année *Grunge* s'il en est, se termine par la sortie de *Dirt*, d'Alice in Chains. Porté par le titre *Would?* connu depuis *Singles*, puis par la chanson Them Bones, l'album devient rapidement un énorme succès et atteint la sixième place des charts US. C'est la consécration pour les quatre métalleux de Des Moines, et le début de la fin pour Layne Staley, le chanteur principal.

Tout juste sorti de cure de désintox, Stayley replonge pendant l'enregistrement du disque. Si beaucoup abusent de la marijuana dans le studio, Lui et le bassiste Mike Star y ajoutent de l'héroïne. Il est complétement shooté durant certaines prises de voix dont celle de *Down in a Hole* qui figure sur l'album. Le guitariste et compositeur Jerry Cantrell quant à lui est sous cacheton car il se remet difficilement de la mort de sa mère et de celle d'Andrew Wood.

L'album parle de mort, d'errances existentielles, de confiance perdue et surtout d'un sujet qu'ils connaissent maintenant trop bien : la drogue dure. Loin d'en faire l'apologie, Cantrell et Staley parlent de sales trips, d'hallucinations, de dealers. Le voyage est cafardeux, sans espoir.

La jeunesse américaine, avide de ce *Grunge* que tous les branchés se doivent de posséder, se rue sur *Dirt*, qui va se vendre à plus de trois millions d'exemplaires grâce à des titres comme *Angry Chair*, *Rooster* ou *Down in a Hole* titre prophétique. C'est à se demander si quelqu'un écoute les textes d'Alice...

Les critiques salueront un grand disque entre metal et rock'n roll, mais certains feront remarquer l'étonnante noirceur des paroles, et la sincérité de Staley. Dix ans plus tard, le monde aura la triste confirmation que ce type ne trichait pas ; trop transparent.

Dorénavant, tout groupe avec des guitares distordues et puissantes, des mélodies simples et un chant torturé sera estampillé *Grunge*, avec ou sans consentement, qu'il vienne du metal, de la pop ou du punk. La recette est trouvée, facile à reproduire, et les clones vont débarquer.

Nirvana est contraint de passer aux émissions rock pour la jeunesse, notamment Top Of The Pop, spectacle basé sur les charts, financé par des maisons de disques, et dont le plateau pullule de teen-agers bien propres et sautillants. Comme ils ont l'obligation de jouer en playback, à l'exception du chant, les trois rebelles d'Aberdeen vont offrir une performance digne de Seattle : pendant que Kurt Cobain armé de lunettes de soleil vintage balance les paroles de *Smells Like Teen Spirit* façon crooner des années cinquante, Novoselic balance des solos de basse qui ne collent pas au play-back, et Grohl tape à contretemps. Du grand n'importe quoi drôle et provocateur. Un massacre jouissif de l'hymne *Grunge*, histoire de rappeler d'où vient Nirvana. Cette performance est présente sur le documentaire *Live ! Tonight ! Sold Out !!* dédié au groupe et sorti en novembre 94.

Pearl Jam le soi-disant *poseur carriériste* vendu aux majors ne passera jamais à Top Of The Pop.

En début d'année 93, Eddie Vedder est invité au Rock'n Roll Hall of Fame de Los Angeles pour l'intronisation du groupe The Doors au panthéon du rock'n roll. Les trois survivants ont demandé au chanteur de Pearl Jam de remplacer Jim Morisson le temps de trois chansons. Un grand moment.

En bons fans de Robert Zimmerman (vrai nom du troubadour), Eddie Vedder et Mike McCready participeront également aux 30 ans de carrière de Bob Dylan au Madison Square Garden. Ils interpréteront une version à fleur de peau de *Master of War*, en acoustique, sans parasitage *Grunge*. Vedder et Dylan, éméchés, passeront la nuit à parler musique.

À l'inverse de Kurt Cobain, Vedder et son groupe vont tout faire pour approcher leurs idoles et jouer avec eux.

Houdini, Mia Zapata et Steve Albini

Fin 92, Megan Jasper, membre des Dickless et standardiste chez Sub Pop reçoit dans les locaux du label un coup de téléphone du New York Times avide de secrets *Grunge*. Dans la foulée elle invente le vocabulaire du *Grunge*, une sélection de termes que l'on se doit de parler quand on est branché. Bien entendu, elle se fout de leur gueule, et le petit monde de Seattle rigole bien en découvrant quelques jours plus tard le dico du Grunge publié dans les colonnes du respectable journal.

La blague de Jasper est révélatrice de l'ambiance du moment : pour tout le monde à Seattle, le *Grunge* a fait son temps. Les autochtones précisent en interview que la ville possède des milliers d'artistes produisant d'autres styles : jazz, free-jazz latino, blues, metal, expérimental, country, hip-hop, classique, funk… Une ville comme les autres, quoi.

Des labels autres que Sub Pop, comme eMpTy Records, K Records ou Pop Llama ne profitent aucunement des retombées médiatiques de la Hype. Ils constatent l'impact négatif des *chasseurs* de majors sur la scène locale. En effet, espérant dégoter le nouveau Nirvana, le nouveau Pearl Jam, les grandes maisons de disques signent des contrats aux quatre coins de la ville et multiplient les accords oraux, faisant miroiter la lune à de jeunes formations sans expérience.

Peu à peu, les principaux acteurs à l'origine de l'explosion vont diversifier leurs activités.

Comme Chris Cornell un an plus tôt (qui a produit le cinquième album des Screaming Trees – *Uncle Anesthesia*, premier disque du groupe chez Epic), Kurt Cobain décide d'aider ses idoles de jeunesse, les Melvins, à produire leur prochain album. Le leader de Nirvana espère faire profiter à la bande à Buzzo de son nouveau statut de roi du rock. C'est également pour Cobain la possibilité de s'éloigner de la hype *Grunge* (il ne supporte plus de jouer *Smells Like Teen Spirit* en concert) pour replonger dans l'underground.

Entamé avec les albums *Bullhead* et *Lysol*, les Melvins poursuivent leurs expérimentations par de longs morceaux étranges, dissonants et heavy. A leur sujet, on ne parle plus de *Grunge*. Les désormais pionniers d'un truc appelé le *Sludge metal* (avec des groupes comme Flipper, Corrosion of Conformity et Neurosis) n'ont aucune intention de céder à la tentation pop punk du moment.

Comme Kurt Cobain est maintenant pété de thunes et se sent redevable, les Melvins acceptent et se lancent dans ce qui va devenir *Houdini*. L'album sort chez Atlantic en septembre 93.

Houdini marchera bien (pour un album des Melvins bien sûr), et apparaitra même dans les charts US, à la 29e place de l'obscure catégorie *Heatseekers*.

Dans le même esprit, Nirvana va sortir un split CD (un maxi à deux groupes, chacun présentant un titre) avec Jesus Lizard.

Fondé en 1987 au Texas, avant de migrer à Chicago, les Jesus Lizard ont un passif bien connu de la scène punk de Seattle puisque certains de ses membres ont fait partie de Scratch Acid, groupe mythique qui fit la joie de la scène du début des années 80. Scratch Acid donna naissance à Rapeman, super groupe éphémère avec Steve Albini (Big Black). En 1992, Jesus Lizard édite un monument du noise rock dont ils sont en partie les créateurs : l'album *Liar*, produit par Albini.

Le split CD s'intitule *Puss/Oh, The Guilt* et sort en février 93 chez le label indépendant Touch and Go Records. *Puss* est extraite de *Liar*. *Oh, The Guilt* est une ancienne compo de Cobain.

Ce dernier va choisir Steve Albini pour produire le prochain album de Nirvana.

Le deux titres fera entrer Jesus Lizard dans les charts pour la première fois. La seconde (et dernière fois) sera pour l'album *Shot*, quand ils migreront chez Capitol Records en 96.

Shame, premier album du groupe Brad sort en avril. Le groupe, formé l'année précédente, comprend Stone Gossard (Pearl Jam), Regan Hagar (Malfunkshun), Shawn Smith et Jeremy Toback. L'équipe avait choisi de s'appeler Shame, mais un musicien, Brad Wilson, leur a dit que le nom était pris par son propre groupe. Gossard et les autres ont décidé de s'appeler Brad. Pas plus compliqué que ça.

Shawn Smith, membre de Pigeonhed avec Steve Fisk, avait été l'un des choix de Gossard pour devenir chanteur des futurs Pearl Jam, avant que Vedder ne renvoie la démo.

Shame ne brillera pas par des ventes mémorables, ce qui arrangera tout le monde dans le groupe.

Avril toujours. En attendant que leur poule aux œufs d'or, Nirvana, sorte le prochain carton alternatif, DGC mise sur leur autre formation made in Seattle, les Posies. *Frosting On The Beater* est la troisième galette de la formation de Bellingham. Le son y est plus électrique, avec de solos guitares hallucinants, mais ça reste du Posies, avec des mélodies élégantes et le mélange inimitable des voix de Jon Auer et Ken Stringfellow.

Précédé du single *Dream All Day*, grand succès radio de l'année 1993, *Frosting On The Beater* est à ce jour leur plus gros carton, et pas uniquement du fait de l'engouement de la jeunesse pour Nirvana, Pearl Jam et Alice in Chains.

Imperméable au *Grunge*, les Walkabouts poursuivent leur travail de rock folk éclectique et publient *New West Motel* pour la division Europe de Sub Pop.

Pour les Fastbacks, grands absents de la folie *Grunge*, 1993 est une bonne année. Après *The Question Is No*, sorti chez Sub Pop début 1992, le groupe de Kurt Bloch publie *Zücker*, leur *meilleur* album, si cela veut dire quelque chose. Toujours avec l'étiquette du label *Grunge*, *Zücker* profitera peu de la folie médiatique autour de Seattle, malgré de bonnes critiques (« ... *Witty, muscular, and packed with great songs, Zücker ranks with Fastbacks' very best work...* » Mark Deming de All music) et poursuivra ses aventures dans le circuit alternatif.

Soyons un moment chauvin et précisons la sortie de *As Happy As Possible* des Thugs, groupe natif d'Angers, et seul groupe français à avoir signé chez Sub Pop.

Dans un coin de la ville la plus cool des USA, un nouveau groupe naît : The Presidents of the United States of America avec Dave Dededer, Chris Ballew, et Jason Finn (ex-Skin Yard, batteur de Love Battery).

Si on la compare à Los Angeles ou à New York, au début des années quatre-vingt dix Seattle fait figure de village. Sans sa banlieue, la ville n'est pas bien grande, et certains drames ont plus d'impact.

Mia Katherine Zapata, chanteuse des Gits (groupe rock-punk d'Ohio qui avait migré à Seattle), est retrouvée assassinée après avoir été violée, dans une rue de la ville, le 7 juillet 1993. Le drame choque au-delà de la communauté musicale. Son groupe devenait de plus en plus populaire, même si, punk dans l'âme, la célébrité n'était pas un enjeu.

Rapidement, un collectif de soutien se forme, en relation avec les Riot grrrls d'Olympia (que soutenait Mia). Il a pour nom Home Alive, et prône l'art du Self-defense, la prévention de la violence, l'éducation pour le respect... S'y ajoutent les thématiques défendues par les Riot grrrls.

Des expositions d'artistes et des concerts de soutien auront lieu régulièrement pour financer l'association et sa prévention, jusqu'à l'édition d'un double disque en 1996 chez Sony. Home Alive, the Art of Self Defense rassemblera le gratin de la scène culturelle punk-rock de Seattle (Pearl Jam, Nirvana,

Soundgarden, les Posies ou les Supersuckers…) et d'ailleurs (Jello Biafra, Lydia Lunch, Joan Jett…).

Pearl Jam participe également à Sweet Relief : A Benefit for Victoria Williams, un disque de reprises des chansons de Victoria Williams auteur compositeur de folk rock. La chanteuse apprend en début d'année 93 qu'elle est atteinte d'une sclérose en plaques. Comme la maladie n'est pas prise en charge par le semblant de sécu sociale des USA quand on est artiste, une fondation se crée dans le but de récolter des fonds pour Victoria et d'autres dans son cas.

La chanteuse n'écrira qu'une seule nouvelle composition, *Crazy Mary* pour Pearl Jam, sur laquelle elle fera les chœurs. Une grande chanson.

Arrive le temps du troisième album pour Kurt Cobain qui a tiré les leçons de *Nevermind*. Sa célébrité non désirée est un fardeau. Voyant sa vie privée étalée dans les magazines *people*, Le dieu du *Grunge* prépare la fin de son règne : *In Utero*, troisième album du groupe, est pensé comme un anti *Nevermind*, avec un retour à un son moins produit, plus direct, plus punk.

Choisi par Kurt Cobain au moment du split CD avec Jesus Lizard, Steve Albini (Big Black, Rapeman, Shellac) devient le producteur de l'album. Il n'est pas un fan de *Nevermind* mais apprécie les paroles vénéneuses de Cobain. Les sessions d'enregistrement ont lieu au Pachyderm Studio (Minnesota) en moins de deux semaines, sans trop d'effets, sans fioritures. Du brut de chez brut.

Trop brut, car la maison de disques rejette le mix de Steve Albini, le jugeant trop agressif. L'ancien Rapeman refuse de retravailler les bandes, estimant être allé au bout du travail. Nirvana va faire appel à Scott Litt, artisan du son REM (que Cobain vénère) qui rendra une copie en adéquation avec la Geffen compagny. L'essentiel de son travail se concentrera sur les singles *All Apologies* (immense chanson en forme de testament) et *Heart Shapped Box* (le tube pop de l'album, un clin d'œil à la déclaration d'amour que fit Courtney Love à Kurt

Cobain deux ans plus tôt).

Plus difficile d'accès, l'album sera une réussite, entre garage rock, balade et furie noise punk. Le titre polémique sera *Rape Me* (Viole-moi), dont certains passages font penser à *Smells Like Teen Spirit*. Pensés comme chanson contre le viol, les textes ne plairont pas du tout aux associations féministes.

In Utero sort en septembre. Adulé comme un dieu vivant, Kurt Cobain espère en interview que les ventes de son groupe chutent suffisamment pour lui rendre une vie normale. Il faut croire qu'il n'aura pas réussi à choquer la jeunesse américaine car *In Utero* va faire un carton : 180 000 exemplaires vendus durant sa première semaine d'exploitation, ce qui va le placer directement numéro un des charts US.

Ce chiffre aurait pu être supérieur. En effet, cette première semaine les méga-chaînes de supermarchés Wal-Mart et Kmart refusent de présenter le CD en rayon, car ils le jugent en contradiction avec leur politique de vente. En réalité, c'est bien le titre *Rape Me* qui ne passe pas.

Pour faire accepter la chanson aux magasins, sous la pression de DGC, Kurt Cobain doit en changer le titre sur la jaquette, en vue d'un tirage spécial de l'album pour ces supermarchés. Il trouvera que *Waif me* (Transforme-moi en loque/ou en clodo) sonne suffisamment comique.

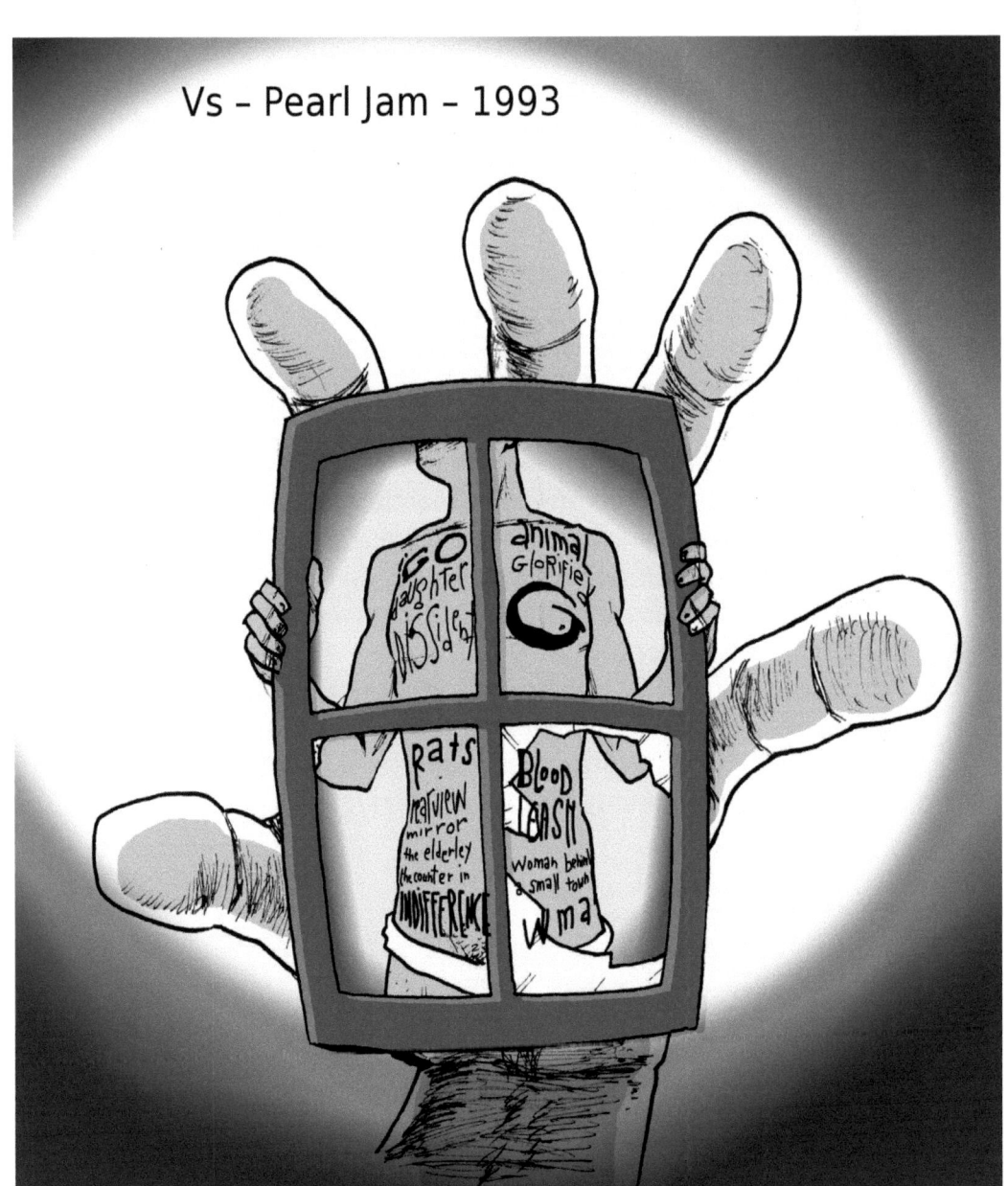

L'épreuve du second album s'impose à Pearl Jam alors que *Ten* continue de se vendre par camions entiers (plus de deux millions d'albums vendus !) et que *Jeremy* passe en boucle à la TV. Rien ne semble arrêter le processus qui interroge les membres de façons différentes. Les critiques, tant exagérément positives que terriblement négatives se multiplient. Eddie Vedder est le plus visé, le plus sollicité (il répond aux milliers de lettres de fans paumés et va jusqu'à donner son numéro de téléphone perso durant une interview radio ; une erreur qu'il ne reproduira pas). Comme Kurt Cobain, Vedder n'a pas pris le temps de se protéger. Normal : il n'y avait pas d'ennemi.

Le chanteur de San Diego, activiste et punk dans l'âme, fan des Ramones et des Who se retrouve à la place de ses idoles, salué comme le messie alors qu'un an auparavant il n'était jamais entré dans un studio professionnel et enregistrait des petites chansons sur son quatre pistes.

L'ambiance euphorique des débuts s'est dégradée. Des journalistes le raillent, le taxent de voleur, se moquent de son groupe et racontent que *Deep* est un éloge vulgaire de l'homosexualité. On va même jusqu'à tenter d'interroger sa mère au sujet du titre *Alive* et de l'inceste.

Il pense à Cobain. Comment s'en sort l'autre dieu du *Grunge* ? Mais les bruits de couloirs circulant sur Kurt confirment que lui-non plus ne se protège pas. Le porte-parole de la génération X s'étale dans les magazines avec sa femme Courtney Love, reçoit des prix pour *Nevermind* mais prend de la cocaïne et de l'héroïne. Avec Layne Staley abonné aux mêmes produits et aux cures de désintoxication, on se dit que quelque chose ne va pas au pays du *Grunge*.

Depuis quelque temps, tout va mal pour Eddie Vedder. En Europe, un type du service de sécurité l'a tabassé sans le reconnaître, alors qu'après avoir surfé sur la foule, il tentait de remonter sur scène. Un autre soir on lui a piqué son carnet, là où il notait ses idées de paroles et ses plans de musique depuis des années. Une perte irrémédiable. Une autre fois, hors de lui il s'est battu avec un type au sujet de Pearl Jam. Blessé, le gars a porté plainte. Baston encore, Vedder aurait bondi sur un type de la sécurité en train de molester un fan.

Même la scène, seule raison de tout ça, seul périmètre que les musiciens contrôlaient, est devenue un espace agressif.

En février 1992 a lieu la première session d'enregistrement du successeur de *Ten*, au studio Potatoes Head de Seattle. Pondre un album plus direct que le précédent, plus brut, avec moins d'effets ; voilà le but. Le boulot de prise de son et mixage est donné à Brendan O'Brien. Cette première session voit naître 4 titres : *Go*, *Rats*, *Blood* et *Leash*. La seconde session se déroule en mars au studio The Site à Nicasio, Californie. « *Comment peut-on pondre un disque rock dans ce coin de merde ?* » se plaint Vedder car il s'agit d'un studio confortable et très cher, pour vieux rockers avec disques d'or accrochés aux murs. Dave Abbruzzese adore l'endroit.

Les têtes pensantes (Gossard, Ament et Vedder) ont décidé de ne plus faire de clips vidéos, et de réduire le nombre d'interviews pour la promo de l'album. Le seul journaliste à les accompagner de la fin du studio à la sortie officielle de l'album est leur pote Cameron Crowe, qui pondra un long article pour Rolling Stone.

On y apprend que Dave Abbruzzese aime recevoir des récompenses pour son travail, être en haut de l'affiche, et ne voit pas pourquoi il devrait vivre comme un pouilleux alors qu'il est une rock-star. Le texan s'imaginait que lorsqu'on vient de vendre des millions d'albums, on hurle de joie, on fait la fête jusqu'à tomber par terre. Mais dans ce groupe, c'est l'inverse. Inquiétude, paranoïa, stratégie pour se faire oublier... Abbruzzese ne comprend pas la posture, mais suit le mouvement.

Vs comporte 12 titres, pour une durée de 46 minutes. La pochette représente un mouton du Montana qui passe la tête par une maille du filet de sa clôture. Pas de titre, juste le nom du groupe qui, un temps, a songé à intituler l'album Pearl Jam. Changement d'avis un poil trop tard, le titre *Vs* ne figure que sur la tranche.

Go débute le disque, agressif, rugueux, avec un Vedder braillant sur des breaks incisifs. Un morceau en partie composé par Abbruzzese. Ensuite déboule *Animal*. De cette chanson fut extrait le premier titre possible, avant Pearl Jam puis *Vs* : *Five against one*. Comme un mantra la chanson répète : « ...I'd rather be with an animal... »

Daughter, morceau folk joué à l'électro-acoustique raconte les problèmes d'une gamine face à une mère qui, désespérée par les problèmes de sa fille, se sentant peut-être coupable, finit par la battre. Les guitares saturées surgissent pour créer une tension dérangeante.

Glorified G parle avec ironie de la glorification des armes aux U.S.A, du fait de se sentir viril avec un flingue. Vedder a écrit les paroles quand il a appris qu'Abbruzzese possédait deux armes à feu chez lui : « *Got a gun. 'n fact I got two. That's OK, man, 'cos I love God...* » Entre blague et affliction... Puis vient *Dissident*, rappelant les ambiances héroïques de Neil Young. Une femme recueille un homme recherché qu'elle finira par dénoncer, par peur.

WMA naît d'un contrôle de police pas très loin du studio d'enregistrement. Eddie Vedder et un ami à lui sont arrêtés. Seul ce dernier doit montrer ses papiers aux flics ; il est noir. S'en suit une légère altercation, et surtout une grande chanson tribale, à la basse hypnotique, au chant fou. Les initiales : *White Male American*.

Blood pourrait traiter de drogue, avec ses histoires de seringue et de sang. Mais ce brûlot punk peut se lire différemment. La chanson débute par : « *Spin me round, roll me over, fuckin' circus !...* » désignant les magazines Spin, Rolling Stone Magazine et Circus, trois grands journaux rock qui ont participé aux attaques contre Vedder. Le chanteur règle ici quelques comptes, imaginant que cela va suffire à rendre sa vie normale.

Rearviewmirror : Une chanson sur le fait de tout plaquer pour fuir. Crowe a écrit qu'il s'agissait d'un texte sur le suicide, autre forme de fuite vers nulle part. Le légendaire son aigu, à la fin du morceau, c'est Abbruzzese qui, de rage, balance ses baguettes. Brendan O'Brien a gardé la prise. L'ambiance entre Vedder et le texan s'est un peu tendue durant l'enregistrement.

Ensuite vient *Rats* : en substance, les rats en tant que collectif, valent mieux que les humains. La dernière phrase est la première de la chanson *Ben*, titre de Michael Jackson, sur l'album du même nom. Coïncidence ou pas, *Ben* est le second album du roi de la pop.

Elderly Woman Behind the Counter in a Small Town est une balade acoustique nostalgique sur le temps et les vies anonymes, sur cette femme qui est restée dans son petit bled paumé, dont le visage dit vaguement quelque chose, mais dont le nom échappe. Un titre sobre, simple.

Leash, beaucoup jouée lors de la seconde partie de la tournée pour *Ten*, parle de la même fille que pour *Why Go*. Une amie d'Eddie appelée Heather. Le mot d'ordre est « ... *Drop the leash !* »

L'album se termine par *Indifference*, chanson fragile qui monte en intensité et parle d'espoir quand tout fout le camp.

Better man, la chanson que Vedder avait écrite dans sa jeunesse et qu'il avait ensuite jouée avec Bad Radio, revient durant les sessions. Une maquette est enregistrée en acoustique, pour voir. Brendan O'Brien la juge parfaite : un tube pop en puissance. Quand il le dit au chanteur, Vedder se braque immédiatement et l'exclut de l'album. Il se propose même de la filer à une cause humanitaire. *Jeremy* aussi est devenu un *tube en puissance* : passé en boucle partout dans le monde, le titre s'est vidé de sa substance jusqu'à devenir plus qu'horripilant. Le chanteur ne veut pas de ça, surtout pour cette chanson qu'il trimbale depuis qu'il a quinze ans. Brendan calme le jeu, passe à autre chose et garde la bande dans un coin.

Plus agressif que *Ten*, *Vs* est un album rythmique, direct, sur fond de rock alternatif et de contestation, avec un spectre musical plus large que celui de *Ten*. Pearl Jam veut survivre au *Grunge*.

Vs sort en octobre 1993. Si les millions d'albums vendus par *Ten* finissent par faire flipper Eddie Vedder et amènent les autres à espérer un retour au calme, *Vs* ne va rassurer personne, bien au contraire.

Durant sa première semaine d'exploitation, malgré l'absence de promo par le groupe et aucune vidéo produite, le disque va vendre 950 378 copies, explosant tous les records dans le domaine. Il faudra attendre 1998 pour qu'un chiffre aussi effarant soit battu.

Loin d'être sur sa fin, la *Pearl Jam mania* ne fait que commencer. Eddie Vedder va définitivement cesser de sauter partout en concert et grimper aux armatures pour entrer dans une période sombre de sa vie.

David contre Goliath, la fin des mésententes et Superunknown

« Whatsoever I've feared has come to life...
I feel on black days... »
Feel On Black Days de Soundgarden.

Après une série de concert avec The Rolling Band, Urge Overkill, U2, Neil Young et les Butthole Surfers, l'équipe de Gossard et Ament lance sa tournée pour la sortie de *Vs*.

La fin d'année voit Mudhoney ouvrir pour le plus grand groupe de rock du monde en cette fin d'année 1993 : Pearl Jam qui vient de détrôner Nirvana, pour le malheur de Vedder. Sa tête est en couverture du prestigieux Times avec cette légende : « *All the rage! Angry young rockers like Pearl Jam give voice to the passions and fears of a generation.* » Avec son nom précisé en bas.

Avec pourtant moins de rancœur envers Jeff et Stone depuis leur rencontre avec Eddie, l'idée de tourner avec une grosse machine comme Pearl Jam ne réjouit pas les gars de Mudhoney.

En effet, Mark Arm et sa bande viennent de faire les premières parties de Nirvana quelques semaines plus tôt et en gardent un sale souvenir. Isolés comme des stars dans leur loge, Kurt Cobain (affaibli par des soucis de santé) et Courtney Love étaient coupés du monde, laissant les requins du business imposer leur manière de faire. Pour Steve Turner, ça n'avait rien à voir avec la mentalité punk dont se targue le leader de Nirvana. Mudhoney devait se démerder avec des manageurs et des professionnels de la com qui lui faisaient sentir qu'il n'était qu'un groupe inférieur. Bref, l'ambiance était médiocre. Durant la même période, Tad s'est fait virer d'une tournée avec le trio d'Aberdeen parce que son leader a traité Courtney Love de *salope* (Tad Doyle n'a aucune estime pour Love qu'il juge manipulatrice, poseuse et intéressée).

Avec Pearl Jam, les Mudhoney craignent le pire.

Mais surprise : l'ambiance est bonne, l'équipe technique sympa et le respect omniprésent, et même le manageur est un chic type. Pas de rock stars à l'horizon. Sur scène, les deux groupes ressusciteront même pour un temps les mythiques Green River.

Pour Mudhoney, c'est un sacré choc : d'un côté Nirvana, le groupe underground porteur de l'idéal punk rock qui s'avère être dominé par le *music business* le plus détestable, et de l'autre Pearl Jam les soi-disant lèche-bottes des maisons de disques qui imposent un système alternatif à taille humaine pour leur tournée, alors qu'ils sont au sommet de la hype. De quoi faire réfléchir tous ceux qui leur vomissaient dessus à Seattle dès fin 1990. Même John Leighton Beezer changera d'avis sur le groupe : « … En fait, le con, c'était moi !… »

Pour Turner, comme il le dira dans le livre d'Everett True (*Nirvana la vraie histoire*, paru en France chez Camion blanc), les Pearl Jam ont acquis à la force des bras une liberté d'action que ne possédera malheureusement jamais Kurt Cobain. Si ce dernier avait accepté de *parler avec l'ennemi Pearl Jam*, l'histoire en aurait été changée.

Un peu avant la sortie d'*In Utero*, Kurt Cobain a fait son mea culpa au sujet de Pearl Jam, et en particulier d'Eddie Vedder. Il a eu l'occasion de croiser le chanteur, notamment lors d'une soirée des Grammy Awards durant laquelle les deux hommes ont dansé un slow ridicule durant *Tears in Heaven* d'Eric Clapton. Le message qu'il sert à Vedder est qu'il est un type bien, capable de balancer de l'émotion sur scène, mais que son groupe est à chier. Il l'invitera au concert de lancement d'*In Utero*.

En interview, Cobain déclarera arrêter le jeu de gué-guerre entre les deux formations : « ... *Ça fait du mal à Eddie, et c'est un chic type...* » Plus tard, il précisera à Rolling Stone Magazine que Pearl Jam n'y est pour rien si sa maison de disques l'a vendu à la planète comme un groupe alternatif. Ne pouvant se retenir, le chanteur ajoutera tout de même que la musique de Pearl Jam, du « ... *rock gentillet...* », n'a aucun intérêt.

Fin d'année. Nirvana, les Breeders, Cypress Hill et Pearl Jam sont à l'affiche du concert du New Year's Eve. Cette fois-ci, Nirvana jouera avant Pearl Jam.

Lors de ce concert, une réconciliation est prévue. Nirvana et Pearl Jam joueront ensemble sur scène, histoire de mettre fin aux ragots de la presse rock. Malheureusement, Eddie étant tombé malade, le groupe annulera. Nirvana jouera un show plus long, et Cypress Hill invitera les membres valides de Pearl Jam pour jouer *The Real Thing*, titre que les deux combos ont composé ensemble quelques mois plus tôt, pour la B.O du film Judgement Night.

Ce rendez-vous manqué entre les deux chanteurs de Seattle sera le dernier, les deux hommes traçant leur route écrasés par le cirque médiatique.

Vedder comprend qu'on ne peut être un artiste underground quand on vend à millions. Pour lui, pour Cobain, il n'est plus question de *pureté punk*. Ils sont devenus les nouveaux Michael Jackson. Il apprend également qu'on peut diffuser des photos de lui dans le monde entier sans son avis, et qu'à son niveau, comme à celui de Cobain, le droit à l'image n'existe plus. Ne sachant pas comment gérer la situation, le chanteur disparaît parfois sans rien dire à la maison de disques, vit dans sa fourgonnette ou s'enfuit pour retourner surfer. Il cherche des pistes en parlant avec ses idoles : Ian MacKaye (Minor Threat, Fugazy), Henry Rollins (Black Flag, Rollins Band), Pete Townshend (les Who) ainsi qu'aux monstres sacrés qu'il croise comme Bob Dylan, Neil Young ou Bono de U2. Les réflexions sur l'intégrité punk face aux médias vont rapidement submerger la sphère Pearl Jam à mesure que son chanteur va s'enfoncer dans une drôle de paranoïa qui atteindra son paroxysme les deux années suivantes.

Johnny Ramone, grand ami d'Eddie Vedder, ne voit pas où est le problème, comme il le racontera à Rock'n Folk des années plus tard. A leur début, les Ramones voulaient faire partie d'un groupe énorme et vendre plein de disques. Pourquoi ces nouveaux punks culpabilisent-ils ? Seule la musique compte. Kim Gordon, de Sonic Youth, déclarera que si Eddie Vedder ne veut plus être célèbre, il suffit qu'il se lance dans une musique moins accessible. Mais Vedder ne désire pas pondre autre chose que du rock à visage humain. Il ne sait rien faire d'autre. Ce sont les médias, la starification et la pression des Majors qui l'emmerdent.

Au contraire, Kurt Cobain et Layne Staley s'isolent et ne parlent de leur mal-être qu'aux drogues qu'ils ingèrent.

Ticketmaster est le premier organisateur de concerts aux USA. La firme gère les prestations des plus grosses pointures de la pop, du rock et de la variété. Rien à voir avec le réseau alternatif qui bossait avec Jeff Ament et Stone Gossard du temps de Mother Love Bone. Maintenant qu'arrive l'avènement du *Grunge*, les groupes de Seattle voient leur statut changer. Devenus groupes stars du rock, ils se retrouvent à jouer dans des lieux de contenance énorme, 10 000 personnes, voire plus, comme les stades ou les arènes. Ces grandes salles ne peuvent s'obtenir qu'avec les grosses entreprises du spectacle dont le roi est Ticketmaster.

La différence concrète, c'est le prix des billets qui monte en flèche. Pearl Jam s'aperçoit du problème en début d'année 94. son public de base doit raquer plus à cause de frais de fonctionnement ajoutés au total. Aucun arrangement significatif n'est possible avec le géant de la billetterie. Dans le même temps, le ministère de la justice des Etats-Unis fait une enquête sur les pratiques de la firme, car des associations de professionnels des tournées menacent d'attaquer Ticketmaster pour monopole commercial.

Stone, Jeff et Eddie jugeant les tarifs prohibitifs, le groupe accepte de devenir partie-civile dans l'éventualité d'un procès contre le géant américain, et réfléchit aux possibilités d'un boycott. Il lance un appel à la scène alternative US, sans réponse. Jeff Ament s'étonnera qu'aucun groupe important ne les suive.

Réduire le prix des billets devient vital pour Vedder, d'une part parce qu'il se souvient du temps où il n'avait pas un radis et cherchait malgré tout à assister à des concerts, et d'autre part parce que c'est l'occasion de suivre la voie de Ian MacKaye avec qui il a déjà discuté. Le leader de Fugazi s'est toujours battu pour que les tickets d'entrée de ses concerts soient accessibles aux petits revenus (voire pas de revenus du tout). De même, Fugazi a toujours eu le contrôle sur ses disques et a toujours refusé de donner des interviews à des magazines si ceux-ci affichaient la moindre pub ou fonctionnement ouvertement libéral. Difficile de faire aussi engagé, mais Eddie Vedder y croit.

Militant contre la peine de mort, pour l'avortement, pour la préservation des océans ou du patrimoine des Indiens d'Amérique, poursuivant son boycott de Ticketmaster et de la presse, 1994/1995 verra Pearl Jam se battre sur tous les fronts. Mais à quel prix ?...

Soundgarden balance *Spoonman* en février 1994. La chanson atterrit à la 3e place des charts rock. Le titre a été trouvé par Jeff Ament du temps de *Singles*, en référence à Artis l'homme cuillère, musicien percussionniste jouant dans la rue de Seattle avec des cuillères. Un extrait acoustique apparaît d'ailleurs dans le film de Cameron Crowe.

En mars 1994, *Superunknown*, quatrième album de Soundgarden est dans les bacs. Plus varié que les précédents opus, il débute à la première place du Billboard 200 avec des titres comme *The Day I Try To Live, My Wave, Superunknown, Feel On Black Days* mais surtout le tube planétaire *Black Hole Sun* dont la vidéo étrange va tourner en boucle sur les écrans du monde entier.

Bien que les paroles restent obscures, comme souvent chez Chris Cornell, en interview le groupe a lancé des thèmes comme la dépression, la vie gâchée, le LSD et l'abus de substances. Le titre *Superunknown* est rétrospectivement inapproprié, car les Soundgarden vont en écouler plus de cinq millions d'exemplaires et devenir les célébrités du rock métallo punk ! Les anciens Shemps et l'ancien March Of Crimes en ont fait du chemin depuis les caves et les garages de Seattle la punk. Mais, si la presse rock les sollicite, ils restent prudents et se livrent peu aux journalistes ; les cas Cobain/Vedder leur restent en mémoire.

Immense succès tant commercial que critique, l'album offre aux quatre musiciens une reconnaissance mondiale, gravant dans le marbre leur nom dans le *Big Four* de Seattle : Alice in Chains, Soundgarden, Pearl Jam et Nirvana.

Ces derniers ont enregistré leur *MTV Unplugged* fin 93 avec, contrairement à l'usage, beaucoup de reprises (David Bowie, les Vaselines, les Meat Puppets et *Where did you sleep last night ?* de Leadbelly) alors que MTV espérait un duo avec Eddie Vedder.

Kurt Cobain y apparaît fragile, transparent. Des bruits de couloirs affirment que le leader de Nirvana a fait une tentative de suicide (à Rome lors de la tournée européenne d'*In Utero*), d'autres qu'il tourne toujours à l'héroïne. Toutes ces rumeurs sont vraies. Entre cure de désintoxication, menaces de perdre la garde de sa fille tout juste née, les querelles et histoires de divorce avec Courtney Love et la pression de la maison de disques qui ne mollit pas, Cobain n'a jamais été aussi isolé qu'en ce début d'année.

Parlant du futur de Nirvana, Kurt déclare que le gros son, c'est fini, comme le *Grunge*. Il voit des morceaux plus acoustiques avec des cuivres et un chant posé et calme.

Le 8 avril 1994, des annonces pleuvent, à la radio, à la télé ; partout. La nouvelle tient en une phrase : Kurt Cobain s'est suicidé à l'aide d'une arme à feu.

5 avril 1994

Le médecin légiste date la mort au 5 avril. Une lettre d'adieu est trouvée près du corps. Elle se termine par un extrait d'une chanson de Neil Young (*Hey hey ! My my !*) : « *It's Better to burn out, than to fade away.* » La nouvelle se propage comme une traînée de poudre.

L'intérêt hystérique de la jeunesse américaine pour le *Grunge* se transforme en affliction collective, entre effroi et fascination morbide, à l'annonce du suicide de Kurt. La communauté rock de Seattle est sous le choc. Susan Silver prend les devants et organise une veillée au Seattle Center Park. Des milliers de personnes manifestent leur tristesse, rappelant, en plus important, le rassemblement pour la mort d'Andy Wood quatre ans auparavant. Krist Novoselic récite quelques mots. Ensuite Courtney Love lit la fameuse lettre laissée par Cobain. En interview, elle parle d'injustice en ces termes : son mari est mort « *... alors qu'Eddie Vedder va vivre jusqu'à quatre-vingt-dix ans...* » Belle mentalité...

Ce tragique événement devient le plus important de l'année. Les fans éplorés, les paumés sans idoles et la presse rock (dont on ne sait plus si elle parle de musique ou de *people*) se retournent alors vers l'*autre* groupe de Seattle. Un étonnant phénomène de vase communiquant se met en branle. Le standard téléphonique d'Epic est assailli par des journalistes. On veut savoir ce que pense l'autre porte parole de la jeunesse.

L'autre groupe, c'est Pearl Jam. L'autre gars, c'est Eddie Vedder qui aura fait perdre un paquet de billets à ceux qui avaient parié sur lui comme le premier à se faire sauter le caisson. Le monde du rock est cruel...

Seulement voilà, Eddie Vedder ne veut pas de l'étendard *Grunge*, pas plus que Cobain de son vivant. Le Times imagine une couverture avec le chanteur et une légende : *le nouveau demi-dieu du rock*, mais Vedder refuse. Quand il a appris la nouvelle du suicide, le chanteur de Pearl Jam est devenu fou, a détruit sa chambre d'hôtel et s'est allongé dans les débris.

Le Los angeles Time, Rolling Stone Magazine ou Spin vont collecter des propos de Vedder durant les derniers concerts du groupe par des journalistes déjà sur place pour couvrir la tournée de Pearl Jam ; des propos maladroits, décousus, parfois forcés. Vedder parle du suicide, de McCready qui sombre dans l'alcool et l'héroïne, de l'idolâtrie absurde, de Cobain dont il précise qu'il n'était pas proche, et de son geste qu'il dit comprendre. Il répétera n'être le porte-parole de rien du tout et ne veut « *rien avoir à faire avec le putain de mythe Kurt Cobain !* ».

Mettant le tout bout à bout, les journaux obtiendront de quoi satisfaire le monde et leurs ventes, annonçant pour finir que le groupe annule le reste de sa tournée. Après ça Vedder ne parlera plus à la presse et la presse lui en voudra.

Durant les mois suivants, TV et magazines vont harceler labels et maisons de disques pour obtenir des confidences, et pourquoi pas des larmes. Les musiciens de Seattle s'épancheront peu, et le cirque médiatique tournera en roue libre.

Exception faite de deux dates avec Neil Young en octobre, Pearl Jam ne fera aucun concert en 1994 après le mois d'avril, de quoi alimenter les rumeurs de fin du groupe et autres bruits de couloirs.

La prestation Unplugged de Nirvana parue en novembre va s'écouler à 310 500 exemplaires dans sa première semaine d'exploitation ; le plus gros chiffre du groupe. Les vidéos des versions acoustiques de *About a Girl* (de *Bleach*), *Come As You Are*,

All Apologies, *The Man Who Sold the World* (d'après Bowie) et de *Where Did You Sleep Last Night ?* vont passer en boucle sur toutes les chaînes musicales du monde durant plusieurs mois.

Les ventes du trio, en chute libre depuis six mois, atteignent des sommets jamais atteints par Nirvana du vivant de Cobain. Même Sub Pop va voir l'album *Bleach* dépasser le million de copies vendues.

Entre deuil rock national et consumérisme morbide…

Vitalogy

> « J'ai vu ce qui lui est arrivé. Je l'ai ressenti.
> Moi, la machine ne me dévorera pas. »
> Eddie Vedder à propos de Kurt Cobain

Pearl Jam compose et enregistre *Vitalogy* pendant la tournée de l'album *Vs*. Les sessions d'enregistrement se font à Atlanta, New Orleans et Seattle (Bad Animals studio) entre novembre 93 et octobre 94. Le producteur est toujours Brendan O'Brien (qui joue de l'orgue et du piano sur l'album).

L'album totalise quatorze titres. Il est présenté sous la forme d'un livre en papier recyclé, avec photos, écrits professoraux et moraux, textes gribouillés, symboles, notes sur l'immortalité et le mythe de Sisyphe... Le format du CD va emmerder tous les marchands de disques de par le monde.

Au départ, *Vitalogy* est un livre moraliste publié au XIXe siècle qui donne des leçons sur le mariage, des conseils aux jeunes filles, et explique pourquoi la masturbation est condamnable. Vedder est tombé par hasard sur un exemplaire du bouquin et a proposé d'en reprendre le concept, en y insérant des messages cachés. L'étrangeté de l'ouvrage va marquer l'imaginaire de milliers de jeunes auditeurs de part le monde.

L'ouverture se fait sur des notes sans cohérence, comme un accordage d'orchestre de musique classique, puis débute *Last Exit*, énergique, et poisseux.

Suit *Spin the Black Circle*, punk, speed, hurlé. Ce premier single parle de la vénération qu'ont les musiciens pour le disque vinyle. Les textes assimilent cet amour à une drogue « *See this needle... see my hand... Drop, drop, dropping it down... oh, so gently...* », utilisant un procédé similaire à *Blood* (*Vs*). Au départ, Stone Gossard l'avait écrit en mid tempo, mais Vedder a imposé qu'on double la vitesse. La furie punk sur laquelle le morceau est scandé fait que beaucoup de radios boycotteront le titre, lui préférant la face B (et 4e titre de l'album) : *Tremor Christ*, plus calme, mais néanmoins oppressant, aux résolutions déprimantes : « *I'll decide (to) take the dive, (to) take my time, not my life, wait for signs, believe in lies...* »

3e chanson de *Vitalogy*, *Not for you*, basique, cru, au chant tendu, parle de l'industrie du disque aux USA, de la bureaucratie du dollar business qui exploite la jeunesse jusqu'à l'os.

Après *Tremor Christ* vient *Nothingman*, balade triste et dépouillée, en ternaire. Vedder, au sujet de cette valse : « *si tu aimes quelqu'un qui t'aime, ne fous pas tout en l'air, quelles qu'en soient les raisons... parce que tu resteras avec moins que rien* ».

Whipping est une salve punk-rock en trois accords. Dans le livret, ses textes militants sont retranscrits sur une pétition adressée au président des USA Bill Clinton. Elle dénonce le meurtre, par des intégristes catholiques, du docteur David L. Gunn qui pratiquait l'avortement. Il s'agit également d'une réponse à tous ceux qui critiquent la position de Vedder en faveur de l'avortement depuis l'Unplugged de MTV.

« *P-r-i-v-a-c-y is priceless to me* » voilà ce que répète Eddie sur *Pry to*, titre court, entre funk et psychédélique.

Corduroy, un manifeste du groupe, parle, selon le chanteur, d'une personne ayant une relation avec un million de personnes, et ça ne peut pas fonctionner dans ces proportions. Une façon de dire au revoir à tous ceux qui veulent s'accrocher à ses basques.

Durant l'une des sessions d'enregistrement, le chanteur achète un accordéon dans un magasin d'occasions. En studio il joue *Bugs* et y colle des paroles « *marrantes* » (selon lui). Le groupe l'enregistre. La jouant parfois pour des amis, Vedder dira que c'est la meilleure chanson qu'il ait jamais écrite. Humour ou semi-vérité, ces insectes pourraient être apparentés au parasitage médiatique et fanatique qui l'entoure à ce moment.

Satan's Bed tourne également autour du star business. Vrai ou faux, sur le livret est écrit l'anagramme pour les radios : Santa's bed (le lit du père Noël). Étonnamment, c'est Jimmy Shoaf - tech drums de son état - qui joue la partie batterie sur *Satan's Bed*, Dave Abbruzzese étant hospitalisé au moment de la prise. Il est crédité sous le nom de Jimmy.

Better Man a enfin droit de cité sur un album. Vedder l'assume, précisant que le titre ne sortira jamais en single. Cela ne l'empêchera pas de devenir un hit. Cette chanson nous parle d'une femme qui ne voit pas la vie en rose, plutôt en rouge. En couple, elle se persuade qu'elle ne pourrait trouver un meilleur type. Mais leur relation se dégrade. Une chanson sur le fardeau du quotidien, des choix que l'on fait, bons ou mauvais, et de l'espoir d'une vie meilleure. Durant le concert d'Atlanta du 3 avril 94, Vedder dédicacera *Better Man* « *à ce connard qui a épousé ma mère.* » Possiblement ce père avec qui il aura été en conflit toute son adolescence.

Aye Divinita rappelle les écarts mystiques des Beattles et les ambiances rock psychédélique.

Immortality, chanson phare de l'album, verra ses paroles légèrement transformées par rapport aux premières versions. Certains diront que c'est dû au suicide de Kurt Cobain, même si Eddie Vedder s'en défendra dans ses rares déclarations : « *Le suicide de Kurt n'a pas inspiré cet album* ». Mais la boîte à cigare de la chanson fait penser à celle traînant sur la scène du drame.

Hey Foxymophandlemama, That's Me clôt l'album. On y suit une étrange conversation, ponctué de boucles et d'effets, entre un psychologue et un ado (probablement son patient), extrait d'un reportage au sein d'un asile psychiatrique. Le sujet tourne autour du suicide, probabilité évoquée par l'enfant. La musique, elle, est une improvisation sur laquelle joue Jack Irons pour la première fois. Entre larsens, rythmiques changeantes et noise, les notes mourantes du morceau laissent une impression dérangeante à l'auditeur.

L'un des titres envisagés pour cet album était *Life*. Étonnant quand on lit que beaucoup de critiques y ont entendu le désespoir et l'idée de mort. À croire que les gars de Seattle ont acquis le sens de l'humour.

Si l'album est sombre et tendu, les raisons sont externes (la déferlante médiatique qui refuse de s'apaiser, Ticketmaster, les vautours du show biz…), mais également internes au groupe. Brendan O'Brien dit en parlant des sessions de *Vitalogy* : « *l'ambiance était un peu tendue, et encore, je reste poli.* » Et il ne parle pas uniquement des problèmes de Mike McCready avec l'alcool et les drogues.

Contrairement aux années passées, le leadership du groupe a changé de main. Au départ mené par la paire Ament/Gossard, durant la gestation de *Vitalogy* le groupe devient le groupe d'Eddie Vedder, qui décrète le black-out total du monde extérieur et des médias et prend les décisions finales. Jamais des morceaux comme *Bugs* ou *Hey Foxymophandlemama, That's Me* n'auraient figuré sur un album de Pearl Jam avant ce changement de direction.

Eddie Vedder, étouffé par les médias, s'enlise dans sa paranoïa et, à grand renfort d'idéal punk, culpabilise d'être maintenant riche. Il veut imposer à son groupe une façon de se protéger. Il faut dire que l'univers du chanteur s'est drastiquement restreint depuis qu'il reçoit des menaces de mort régulières directement dans sa boîte aux lettres. Et puis il y a ce monde de fans excités autour. « *Fous-moi la paix !* » gueule-t-il en pleine interview à un fan trop présent.

Dans d'autres situations, il se rappelle que quelques années auparavant il mettait en rayons des boîtes de conserves et bossait dans une station service. Conscient d'en être là grâce à son public, il pense lui être redevable en jouant le jeu. Mais à ce niveau-là de célébrité, tout se déglingue. S'il prend du temps avec

500 personnes, la 501e le traite de sale star parce que le chanteur doit partir. Et ça fait cogiter Vedder tout le reste de l'après midi...

Il a montré les menaces de mort et a menacé Epic : « *Si vous voulez que je continue à vous pondre des disques, vous allez payer pour ma protection !* » Et quand, au bout de six mois, il décide de sortir de chez lui, pour descendre au centre-ville de Seattle, dès que sa trombine apparaît des centaines de fans déboulent d'on ne sait où et cernent sa caisse. Vedder est tétanisé, sort, tente de leur parler et s'enfuit dans les rues pour finir planqué dans un magasin.

En développant une seconde personnalité malsaine, muselé chez lui, sans compromis, le chanteur va s'aliéner une partie de son public et être taxé par la presse de poseur, de cliché de star prétentieuse.

Dave Abbruzzese n'est pas à l'aise avec cette rigueur obsessionnelle imposée par le chanteur. Conscient que sans promo et sans soutien, le groupe va se casser la gueule, Abbruzzese, qui n'était pas pour arrêter vidéos et interviews, considère que boycotter Ticketmaster revient à se tirer une balle dans le pied. Tout pourrait être si simple pour Dave. Il suffit d'être des stars et de prendre ce qu'on leur donne.

Le remplacement d'Abbruzzese par Jack Irons, un vieil ami du groupe (et surtout de Vedder) en cours d'année, devient inévitable. Un matin d'août, Gossard vire Abbruzzese en lui parlant de divergences politiques et d'objectifs. La chose se fait assez rapidement. « *Il y avait une différence de philosophie avec Dave*, précise Kelly Curtis le manager du groupe, *sur les vues politiques, le droit à l'avortement, le port des armes, ce genre de choses...* »

Jack Irons, celui par qui Eddie Vedder a reçu la démo de Stone Gossard en 1990, va débouler dans l'équipe.

Eddie Vedder : Still Alive !

The Self pollution radio

« ... Dans un sens, Pearl Jam a été le groupe le plus punk de tous... »
Nils Berstein, monsieur pub chez Sub Pop.
Propos recueillis par Greg Prato dans son livre *Grunge is dead*.

Toujours pas de clip vidéo. Plus aucune interview. Le silence radio depuis plusieurs mois. Peut-on encore avoir autant d'impact dans ces conditions ? Théoriquement, la réponse est non.

Le groupe a quand même sorti en cours d'année un coffret 3 Cds du live d'Atlanta au Fox Theatre (2 et 3 avril 94). Histoire de restituer l'énergie et l'ambiance, le concert est balancé sans effets de production, sans couper les pains et autres petits accidents, restaurant l'idée qu'un live ne triche pas.

Côté concerts, depuis mi-avril, c'est le néant total, à l'exception de deux dates acoustiques début octobre pour le Bridge School Benefit, festival caritatif organisés par Neil Young et sa femme.

Après avoir lancé le single *Spin the Black Circle* le 8 novembre, qui va culminer à la 18e place du billboard US, Pearl Jam sort d'abord *Vitalogy* en vinyle. Deux semaines plus tard, le 6 décembre 1994, l'album sort en CD et devient n°1 d'office, devenant le second record de vente US : plus de 850 000 copies vendues en une semaine, second record après... *Vs* !

Même si beaucoup est à mettre sur le compte du suicide du leader de Nirvana huit mois plus tôt, ça n'explique pas tout, loin de là. Pearl Jam représente un réel mystère pour l'industrie du disque qui déjà n'avait rien compris avec *Nevermind*. Les détracteurs du groupe vont dénoncer une odieuse stratégie commerciale de la part de ces *esclaves des majors*. Reste à savoir laquelle car, bien sûr, personne ne décrira la stratégie en question. Et pour cause…

Vitalogy a tour à tour été qualifié de ratage, de foutoir punk et de chef-d'œuvre absolu. Les journaux tombent d'accord pour dire qu'il s'agit d'un disque avec peu de compromis. L'étiquette rock alternatif n'a jamais aussi bien collé à Pearl Jam. Entre tensions, trips hallucinés et moments de grâce, ce troisième album est plus dur d'accès. Les fans de la première heure ont du mal à y retrouver les élans épiques post hard rock du début.

Beaucoup de chroniques au sujet de *Vitalogy* vont s'engouffrer dans la brèche du traumatisme Cobain, assimilant d'une certaine façon Pearl Jam au public *Grunge* inconsolable. Mais *Whipping* provient des sessions de *Vs* (printemps 1993). Tremor Christ, *Last Exit* et *Better Man* sont interprétés sur scène en fin d'année 1993, avec en prime une chanson appelée *Treat Me Like The Devil* qui pourrait être les débuts de *Satan's Bed*. Courant mars 1994, en concert le groupe joue *Spin The Black Circle*, *Not For You*, *Corduroy* et *Nothingman*. Seul *Immortality* est jouée quelques jours après la mort de Cobain, mais également composée avant.

Mise à part *Hey Foxymophandlemama, That's Me* et la dernière version d'*Immortality*, la totalité de *Vitalogy* était écrite avant la mort du dieu du *Grunge* ; de quoi enterrer la légende au sujet de la relation *Vitalogy*/Cobain.

Pearl Jam est invité au Saturday Night Live, célèbre show US, pour y interpréter trois titres. L'émission est un record d'audience ; le monde veut voir le demi-dieu du rock. Durant le set, Eddie transforme la fin de *Daughter*, une habitude du groupe qui improvise en concert sur la fin du morceau. Il fredonne l'air de la chanson de Neil Young contenant les deux lignes que Cobain a reprise dans sa lettre d'adieu, mais il en change le texte pour une autre phrase de *Young* : « *Rock'n roll will never die…* »

Vitalogy reste numéro un durant cinq semaines, ce qui rassure Sony-Epic, même si l'isolement et l'entêtement des membres l'irrite et l'inquiète. Réclamant un peu de promo, la major finit par leur demander ce qu'ils veulent à la fin. « *Une émission de radio* » va proposer Vedder contre toute attente. Le chanteur suppose que la major a de quoi payer pour l'installation d'un satellite émetteur suffisamment puissant pour diffuser dans tous les USA. Pour le reste, le groupe se démerdera seul. Le satellite sera installé à côté de leur salle de répétition.

Dans la nuit du 8 au 9 janvier 1995 va avoir lieu une émission de radio pirate de plus de quatre heures intitulée la *Self Pollution Radio*. Le présentateur principal sera Eddie Vedder. Une annonce a été lancée dans tout le pays : les radios qui le désirent pourront diffuser le faisceau. Plus d'une centaine de stations répondent présent.

À l'heure H, des millions d'auditeurs se branchent sur la station. Un paradoxe à l'heure des 500 chaînes TV US. Ici, pas d'images, pas de clips parasites ou de pubs agressives. Juste de la radio libre, des vinyles et des concerts en direct. Un joli pied de nez à l'*establishment*. Au programme, Pearl Jam, bien entendu, qui produira un set de huit morceaux dans le studio, mais également Soundgarden, les Fastbacks, Mudhoney et un nouveau groupe en ville : Gacy Bunch.

Le nom Gacy Bunch vient de John Wayne Gacy le tueur en série, et de *The Brady Bunch*, un sitcom des années soixante. Le groupe se compose de Layne Staley (Alice in Chains) au chant, de Mike McCready (Pearl Jam) à la guitare, de Barrett Martin (Screaming Trees) à la batterie et de John Baker Saunders à la basse.

Depuis le carton de *Ten*, le guitariste de Pearl Jam a augmenté sa consommation d'alcool de façon démente (bourré, il finit parfois nu en concert, ce qui ne l'empêche pas de jouer). Après *Vs*, McCready commence à toucher à l'héroïne, comme un bon nombre de paumés à Seattle. Grâce à son entourage et aux autres membres du groupe, il réalise qu'il vaudrait mieux se soigner. Mais pas à Seattle. Pour lui, personne ne guérit dans cette ville.

C'est donc en désintox à Minneapolis, entre les sessions d'enregistrement de *Vitalogy*, que McCready rencontre John Saunders, un bassiste. Sortis de cure, ils décident de jouer ensemble. Et ça prend. Barrett Martin rejoint l'aventure et, comme chanteur, Mike McCready va convaincre Layne Staley de les rejoindre, tout d'abord parce qu'il a une voix unique, mais également pour le sortir de l'héroïne, car Staley ne fait plus rien musicalement, et s'enfonce de plus en plus, rendant incertaine son existence ainsi que l'avenir d'Alice in Chains.

L'équipe, à laquelle vient s'ajouter le grand Mark Lanegan, va changer de nom pour Mad Season (la saison folle durant laquelle poussent les champignons hallucinogènes) et devient LE *supergroupe* de Seattle. L'album *Above* sort l'année suivante, un trip désespérant de tristesse, de rock plombé, de solos *seventies*, de paroles glauques et mystiques. Entre envolées *stoner*, boucles psychédéliques et balades folks, ces chansons préfigurent les succès futurs des Queens of the Stone Age et autres chantres du post rock. Grâce à son single acoustique *River Of Deceit*, l'album va rencontrer un grand succès commercial dans le courant de l'année 95.

Retour à la *Self Pollution Radio*. En plus des prestations en direct de ces cinq formations, Vedder passera des disques de Sonic Youth, de Slant Six, de The Descendants, des Minutemen, de Gas Huffer, des Gits, des Foo Fighters (le nouveau projet de Dave Grohl), de Weapon of Choice, des Three Fish (autre groupe de Jeff Ament)…, etc. Il interviewera Val Agnew (7 Years Bitch) et Dave Minert (Greta) au sujet de l'association Home Alive, Krist Novoselic au sujet de tout, de rien, de politique, Mike Watt (des Minutemen), le répondeur de Matt Lukin…

Sans interférences *médias-business*, juste une soirée entre musiciens de Seattle, potes des groupes et quelques gars de Sub Pop ; un truc simple, sain. Alternatif.

Les seuls journalistes présents seront ceux du documentaire

Hype que tourne Doug Pray. *Hype* sortira un an plus tard, relatant du point de vue de la scène locale les origines et la montée en puissance du *Grunge*, avec des interviews des acteurs principaux, des concerts au Crocodile Café, au Central Tavern... avec des apparitions de formations moins connues hors USA, comme Some Velvet Sidewalk, Seaweed, Coffin Break, Zipgun, Hovercraft, Crackerbash, Love Battery, Flop, The Mono Men, Blood Circus...

    Des extraits de la *Self Pollution Radio* y figureront, dont le titre *Not For You* par Pearl Jam.

    Fin février 95, *Vitalogy* se sera écoulé à quatre millions d'exemplaires. Fin mars, *Vs* aura dépassé les six millions. Jamais sortie en single, *Better Man*, chanson chère à Vedder, finira pourtant numéro un des charts rock US. Elle y restera huit semaines, donnant raison à Brendan O'Brien : le tube pop rock par définition.

Mad Season : le super groupe grunge.

John Baker Saunders (en haut à gauche), Mike McCready (en bas à gauche), Layne Staley (centre) et Barett Martin (droite)

La fin du Grunge ?

« ... Any generation that would pick Kurt or me as its spokeman, that generation must be really fucked up... I'm Not Your Fuckin' Messiah !... »
Eddie Vedder

« Ça ne veut rien dire... absolument rien dire du tout » marmonne Vedder sur scène en février 96 durant les Grammy Awards. Propos maladroits, inappropriés, qui lui seront reprochés. Pourquoi venir ramasser son prix si c'est pour se la jouer détaché et critique ? La vérité, c'est que début 1996, Eddie Vedder est au fond du trou. Isolé dans sa maison sur les hauteurs de Seattle, protégé par des agents de sécurité, il ne sort jamais, collectionne les vinyles, les figurines *vintage* de Batman la série des années 60, et commence à devenir cinglé.

Quelques mois après cette cérémonie, la fin du calvaire commence. Le responsable des menaces de mort s'avère être une jeune mère de famille obnubilée par le chanteur star, persuadée que les textes d'Eddie sont l'histoire de sa vie qu'il n'a pas le droit de la mettre à nu. Ses deux enfants sont le résultat de viols et elle assure que leur père est le chanteur de Pearl Jam qu'elle taxe de *Christ violeur*. En 96, elle finit par s'encastrer avec sa voiture contre le mur de la maison de Vedder, presque morte et, accessoirement, donnera vie à la chanson *Lukin*, sur l'album *No Code*, successeur de *Vitalogy*.

Pour reprendre les propos de Steve Fisk dans le documentaire *Hype*, le géant *bibendum* de l'industrie du disque est venu écrabouiller Seattle, dévorant quelques groupes au passage. Puis il est parti ailleurs faire un autre festin, peut-être vers l'Angleterre et sa nouvelle brit-pop, à moins que ce ne soit vers les terres du Nu metal, du Dub ou de l'électro.

La mort de Cobain et ce *Vitalogy* définitif signe la fin du tourment médiatique de la ville : le *Grunge* est mort. La hype retombe. MTV, Vogue et Rolling Stone Mag s'en vont regarder ailleurs. Quelques morts et quelques vies gâchées plus tard, à Seattle, des centaines de groupes rock, punk, folk pop, métallo hybride continuent de jouer, de produire des albums, de créer, comme avant.

Les Screaming Trees sortiront leur dernier album en 1996 : *Dust*. Malgré un bon accueil de la presse, et Mike McCready sur un titre, les ventes ne satisferont pas Epic qui arrêtera sa collaboration avec le groupe. Sans label, les Trees finiront par se séparer, laissant Mark Lanegan poursuivre une brillante carrière solo.

Invité par Eddie Vedder après la *Self Pollution Radio*, The Fastbacks partiront en tournée européenne avec Pearl Jam et joueront chaque soir devant 15 000 personnes, alors qu'ils jouent habituellement devant 500.

The Melvins continueront leurs expériences et la conquête de l'underground mondial chez Atlantic et Amphetamine Records avant d'atterrir chez Ipecca de Mike Patton pour de nouvelles aventures. Si pour les Fastbacks, ça concerne les batteurs, chez les Melvins, les blagues sur les changements de bassiste sont courantes. Le groupe va en user une quinzaine.

Fin 1995, Alice in Chains publiera un album malgré les problèmes d'addiction de Layne Staley. Il s'intitulera sobrement *Alice in Chains*, se classera directement numéro 1 des ventes, mais ne sera jamais joué sur scène. Ultime témoignage, le groupe parviendra à se produire une dernière fois, pour un *MTV Unplugged* qui deviendra presqu'aussi populaire que celui de

Nirvana.

Après le décès de sa compagne (à cause d'une seringue infectée), Layne Staley, brisé, s'enfermera avec ses démons et quelques années plus tard sera retrouvé mort chez lui. Overdose, bien que la quantité de *Speedball* (cocktail cocaïne/héroïne) trouvée dans son sang fasse penser à un suicide. La mort est fixée au 5 avril 2002, soit huit ans jour pour jour après le suicide de Kurt Cobain. Ruiné, en dépression, Jerry Cantrell touchera le fond avant de ressusciter AIC en 2010 avec un nouveau chanteur et un nouvel album.

Dave Grohl connaîtra une reconnaissance internationale avec sa nouvelle formation les Foo Fighters et son passage chez les Queens Of The Stone Age, contrairement à Krist Novoselic dont Sweet 75 n'obtiendra pas de succès. Novoselic mettra un terme à sa carrière musicale pour se lancer en politique.

Soundgarden ne résistera pas longtemps à la hype. Après un dernier album en 1996 (*Down On The Upside*), le groupe splittera. Chris Cornell commencera une carrière solo mitigée et formera avec les ex Rage Against The Machine le *super* groupe Audioslave. Malgré tout, en 2010, Soundgarden se reformera.

Les Mudhoney poursuivront leur chemin, écrivant un album tous les deux/trois ans, fidèles au garage rock du *Northwest*. Aux dernières nouvelles, l'idée de sortir un album de Green River aurait fait son chemin.

Après *Inhaler* chez Warner Bros, Tad publiera un live avant de pondre son ultime album en 95 : *Infrared Riding Hood* chez Elektra Records. Depuis, Tad Doyle a lancé un nouveau groupe : Brothers Of The Sonic Cloth.

Courtney Love sortira *Live through This*, le meilleur album de Hole, quelques semaines après la mort de Kurt Cobain (qui a participé à l'écriture de certains titres). *Live Through This* profitera involontairement de la mort de Cobain et se vendra à presque 2 millions de copies rien qu'aux USA. Il arrivera à la veuve d'interrompre un concert pour ordonner à des spectateurs d'enlever leur tee-shirt s'il y est écrit Pearl Jam.

Gérante inflexible de l'héritage Nirvana (au grand dam de Krist Novoselic et Dave Grohl), Love abandonnera le *Grunge* pour amener Hole vers le pop rock, tout en démarrant une carrière d'actrice à Hollywood. Des années plus tard, elle produira en concert une version acoustique (et pas totalement ironique) de *Jeremy*, avouant à son public qu'elle adore cette chanson et qu'un jour elle a surpris son mari la fredonnant.

Oubliant les groupes punk alternatifs de Seattle, le *Grunge* se transformera en succursale de MTV, avec des clones de Cobain, de Vedder (le plus singé des chanteurs à cette époque) et d'Alice in Chains : Bush, Creed, Nickelback, Silverchair, Staind, Puddle of Mud, Candelbox, Matchbox Twenty (vendeur à millions, dans lequel on retrouvera Dave Krusen !), Avril Lavigne... La composante punk sera vite oubliée au profit d'un retour aux logiques de stade.

Pearl Jam ? Ils perdront leur combat contre Ticketmaster mais poursuivront leur boycott, montant eux-mêmes l'ensemble de leurs tournées, comme s'ils étaient encore au temps où Ten venait d'être disque d'or. Mais le réseau des moyennes salles, les champs, salles des fêtes et autres stades de foot ne pourront suffire bien longtemps et la tournée se cassera la gueule, donnant raison à Dave Abbruzzese. « *Les règles du rock'n roll ne se changent pas si facilement* » conclura Andy Cirzan, un ancien de JAM Productions (concurrent de Ticketmaster).

En 95, Pearl Jam deviendra un poids pour ses membres. Eddie Vedder jouera avec les Ramones et partira en tournée avec Mike Watt (Minutemen) et Dave Grohl. En 96, une fois sa parano terminée, il travaillera avec Nusrat Fateh Ali Khan pour la B.O de *Dead Man Walking* (de son ami Tim Robbins) contre la peine de mort et enregistrera son premier album solo en 2007, *Into the Wild*, pour les besoins du film de Sean Penn, un autre de ses *amis gauchistes*.

Jeff Ament bossera sur son autre groupe Three Fish avec Robbi Robb (Tribe After Tribe) et Richard Stuverud (l'un des batteurs des Fastbacks, War Babies). Il publiera un album solo

Tone et enregistrera enfin l'album de Deranged Diction.

Stone Gossard se lancera à fond dans le label-studio qu'il a monté avec Regan Hagar : Loosegroove Records qui sortira le premier album des Queens of the Stone Age et éditera l'album posthume de Malfunkshun. Il continuera l'aventure Brad.

Mike McCready publiera *Above*, premier et dernier album de Mad Season qui rencontrera un grand succès, jouera avec les Screaming Trees (Dust) et Peter Buck de REM. Il formera les Rockfords avec Carrie Akre de Goodness.

1995, c'est aussi l'année de *Mirror ball*, album musclé de Neil Young avec Pearl Jam comme *Backing band*, un moment d'accalmie profitable, avec le vieux lion du rock'n roll.

Toujours sans vidéo ni plan promo, avec peu d'interviews, *No Code*, le quatrième album du groupe sortira l'été 96 et se classera n°1 des classements. Il n'y restera pas et les ventes chuteront. Pearl Jam reprendra forme humaine, loin de la Hype. Le plus gros vendeur de disques des années 90 continuera de pondre des albums rock et de changer pour un temps les lois du rock business.

Alors qu'en 2020, toujours actif, le groupe à sorti son onzième opus intitulé *Gigaton*, *Ten*, l'album par lequel tout a commencé, s'est écoulé à plus de 12 millions de copies.

Et Sub Pop dans toute cette histoire. Ils s'en sortiront plutôt bien, poursuivront la recherche de groupes exigeants comme Mogwaï, Fleet Foxes, Sleater-Kinney ou Flight Of The Conchord (plus grosse vente du label après Bleach).

Sub Pop vendrait maintenant des tee-shirts sur lesquels serait inscrit *Winner !*

Les temps changent.

à suivre...

Le Grunge en question

Une courte sélection d'albums de cette période :

7 Years Bitch – *Viva Zapata !* – C/Z Records
The Afghan Whigs – *Gentlemen* – Elektra Records
Alice In Chains :
— *Facelift* – Columbia Records
— *Dirt* – Columbia Records
— *Jar Of Flies/Sap* – Columbia Records
— *Alice In Chains* – Columbia Records
— *MTV Unplugged* – Columbia Records/MTV
Beat Happening – *Jamboree* – K Records
Brad – *Shame* – Epic Records
Deep Six – Compilation de C/Z Records – 1986
The Fastbacks :
— *The Question Is No* – Sub Pop Records
— *Zücker* – Sub Pop Records
— *New Mansions in Sound* – Sub Pop Records
Gas Huffer – *Just Beautiful Music* – Epitaph Records
The Gits – *Frenching the Bully* – C/Z Records
Green River – *Rehab Doll* – Sub Pop Records
Gruntruck – *Push* – Roadrunner Records
Hole – *Live Through This* – DGC
Home Alive : The art Of Self Defense – Epic Records
Hype Soundtrack – Compilation de Sub Pop – 1995
Mark Lanegan :
— *The Wiving Sheet* – Sub Pop Records
— *Whiskey for the Holy Ghost* – Sub Pop Records
L7 – *Bricks Are Heavy* – Slash Records

Mad Season – *Above* – Columbia Records
The Melvins :
　　— *Lysol* – Boner Records
　　— *Houdini* – Atlanta Records
　　— *Stoner Witch* – Atlantic Records
Mother Love Bone – *Apple* – Mercury Records/Polygram
Mudhoney :
　　— *Superfuzz Bigmuff* – Sub Pop Records
　　— *Mudhoney* – Sub Pop Records
　　— *Every Good Boy Deserves Fudge* - Sub Pop Records
　　— *My Brother the Cow* – Sub Pop Records
Nirvana :
　　— *Bleach* – Sub Pop Records
　　— *Nevermind* – DGC
　　— *In Utero* – DGC
The Posies – *Frosting On The Beater* – DGC
Queensrÿche – *Operation : Mindcrime* – EMI Records
The Screaming Trees :
　　— *Sweet Oblivion* – Epic Records
　　— *Dust* – Epic Records
My Sister's Machine – *Diva* – Caroline Records
Skin Yard – *1000 Smiling Knuckles* – Cruz Records
Soundgarden :
　　— *Screaming Life/Fopp* – Sub Pop Records
　　— *Ultramega OK* – SST Records
　　— *Louder Than Love* – A&M Records
　　— *Badmotofinger* – A&M Records
　　— *Superunknown* – A&M Records
Sub pop 100 – Compilation de Sub Pop – 1987
Sub Pop 200 – Compilation de Sub Pop – 1988
The Supersuckers – *La Mano Cornuda* – Sub Pop Records
Tad :
　　— *God's Balls* – Sub Pop Records
　　— *8-Way Santa* – Sub Pop Records
Temple Of The Dog – *Temple Of The Dog* – A&M Records

Three Fish – *Three Fish* – Epic
Truly – *Fast Stories… From Kid Coma* – Epic Records
Les Thugs – *I.A.B.F* – Alternative Tentacles
U-Men – *Step On A Bug* – Black Label Records
The Walkabouts – *22 Disasters* – Necessity Records
The Wipers – *Is This Real ?* – (réédité par Sub Pop en 1993)
Neil Young – *Mirror Ball* – Reprise Records
The Young Fresh Fellow – *It's Low Beat Time* – Mordam Records

Et, bien entendu, **Pearl Jam** (disques jusqu'en 1996) :

Ten – Epic Records
MTV Unplugged – Epic Records (paru seulement en 2009 dans le coffret réédition de *Ten*)
VS – Epic Records
Dissident – Concert live d'Atlanta 93 – Epic Records (3 CDs édités séparément qui forment un coffret)
Live at the Orpheum Theater – Concert Boston 94 – Epic Records (paru seulement dans le coffret réédition de *Vs/Vitalogy*)
Vitalogy – Epic Records
Merkin Ball – Epic Records
No Code – Epic Records

Les Singles :
1991 : **Alive**
1992 : **Even Flow**
      Jeremy
      Oceans
1993 : **Go**
      Daughter
      Animal
      Dissident
1994 : **Spin the Black Circle**
1995 : **Not for You**

Immortality
1996 : *Who You Are*
Hail, Hail
Off He Goes

Pour aller plus loin :

À lire :

— *Grunge Is Dead : The Oral History of Seattle Rock Music* de **Greg Prato**
— *Screaming Life : A Chronicle of the Seattle Music Scene* de **Charles Peterson**
— *Grunge* de **Michael Lavine** et **Thurston Moore**
— *Five against One* de **Kim Neely**
— *Pearl Jam : Place/Date* par *Charles Peterson* et **Lance Mercer**
— *The Making of Pearl Jam* de **Jessica Letkemann**
— *Heavier Than Heaven : A Biography of Kurt Cobain* de **Charles R. Cross**
— *Come As You Are : The Story of Nirvana* de **Michael Azerrad**
— *Nirvana : the True Story* de **Everett True**
— *Vitalogy* de **Brice Tollemer**
— *Nirvana et le grunge. 15 ans de rock américain* de **Florent Mazzolenin**
— *Pearl Jam Twenty* le livre accompagnant le documentaire de **Cameron Crowe**
—Articles divers de **Rolling Stone, NME, Spin, Circus,**

Uncut, Rock & Folk, Rocksound…

À voir :

— *Hype* de **Doug Pray**
— *1991 : Year Punk Broke* de **David Markey**
— *Nirvana, Live Tonight Sold Out* de **Kevin Kerslake** et **Mark Racco**
— *Malfunkshun : The Andrew Wood Story* de **Scot Barbour**
— *I'm now (a Mudhoney movie)* de **King Of Hearts production**
— *Pearl Jam Twenty* de **Cameron Crowe**
— *Singles* de **Cameron Crowe**

Le reste est une autre histoire...

Celle de Pearl Jam se poursuit dans « Pearl Jam pulsions vitale », également signé Cyril Jégou, aux éditions Camion Blanc, un ouvrage qui couvre la carrière du groupe jusqu'à 2013 et l'album Lightning Bolt.

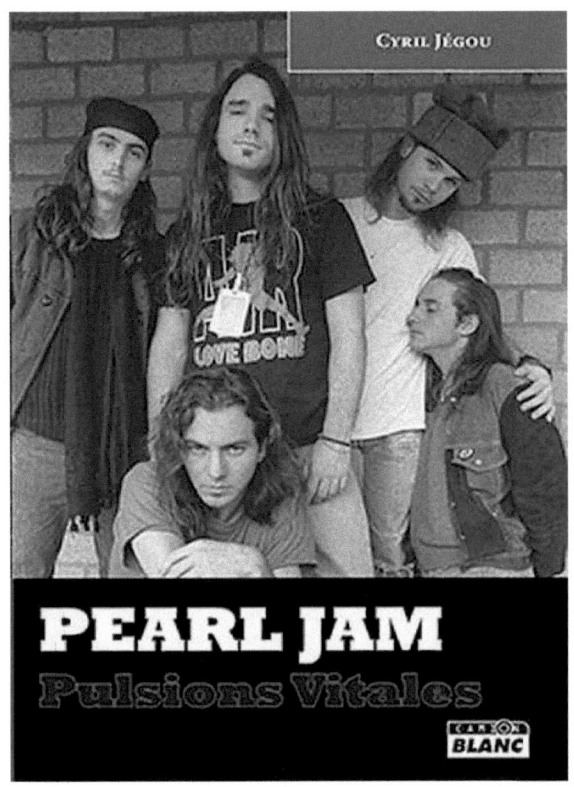

Merci à Anthony Raimbault
et Sylvie Nogueira pour leur soutien.

En une photo, ce mouton du Montana est devenu le mouton le plus célèbre de l'histoire du rock. Vs et sa jaquette se sont écoulés à plus de sept millions d'albums. L'histoire ne dit pas si l'animal a reçu quelques royalties dans l'opération.

Du même auteur :

Pearl Jam pulsions vitales aux éditions du Camion Blanc
ISBN : 978-2-3577-9337-8

L'aiguilleur des rêves aux éditions Bod
ISBN : 978-2-3223-9540-8

Ce que le diable ignore, ebook à Kämbarka productions

© 2021 Cyril Jégou – Kämbarka productions
(editions-kambarka.jimdofree.com)